LES QVATRE PREMIERS

livres des Odes de Pierre de Ronsard,
Vandomois.

Ensemble son Bocage.

ΣΩΣ Ο ΤΕΡΠΑΝΔΡΟΣ

Πέρσος ὁ Ῥώνσαρδὸς μοι ἐναίσιμον οὔνομα κεῖται,
Σῶς δ' ὁ Τέρπανδρος, περιδέξιος πι χόλυς.
ΙΩ. ΑΥΡΑΤΟΥ.

A PARIS.

Chez Guillaume Cauellart libraire iuré de l'uniuer-
sité de Paris, demeurant deuant le College de
Cambrai, a la poulle grasse.

M. D. L.

AVEC PREVILEGE DV ROI.

AV LECTEVR.

SI les hômes tant des siecles passés que du nostre, ont merité quelque louange pour auoir piqué diligentement aprés les traces de ceus qui courant par la carriere de leurs inuentions, ont de bien loin frāchi la borne: combien dauantage doit on uāter le coureur, qui galopant librement par les cāpaignes Attiques, & Romaines osa tracer un sentier inconnu pour aller à l'immortalité? Non que ie soi, lecteur, si gourmand de gloire, ou tant tormenté d'ambitieuse presumption, que ie te uueille forcer de me bailler ce que le tens peut estre, me donnera (tant s'en faut, que c'est la moindre affection que i'aie, de me uoir pour si peu de friuoles ieunesses estimé.) Mais quād tu m'appelleras le premier auteur Lirique Frāçois, et celui qui a guidé les autres au chemī de si hōneste labeur, lors tu me rēdras ce que tu me dois, & ie m'esforcerai te faire apprendre qu'en uain ie ne l'aurai receu. Bien que la ieunesse soit tousiours elongnée de toute studieuse occupatiō pour les plaisirs uolūtaires qui la maistrisent: si est ce que des mō enfance i'ai tousiours estimé l'estude des bonnes lettres, l'heureuse felicité de la uie, & sans laquelle on doit desesperer ne pouuoir iamais attaindre au comble du parfait contentement. Donques defirant par elle m'approprier quelque louange, encores non conue, ni atrapée par mes deuanciers, & ne uoiant en nos Poëtes François, chofe qui fuft fuffifante d'imiter: i'allai uoir les étrangers, & me rendi familier d'Horace, contrefaifant fa naiue douceur, des le méme tens que Clement Marot (feulle lumiere en fes ans de la uulgaire poëfie) fe trauailloit à la pourfuite de fon Pfautier, & ofai le premier des noftres, enrichir ma langue de ce nom Ode, comme l'on peut ueoir par le titre d'une imprimée fous mon nom dedãs le liure de Iaques Peletier du Mans, l'un des plus excelens Poëtes de noftre âge, affin que nul ne s'atribue ce que la uerité commande eftre à moi. Il eft certain que telle Ode eft imparfaite, pour n'eftre mefurée, ne propre à la lire, ainfi que l'Ode le requiert, comme font encores douze, ou treze, que i'ai mifes en mon Bocage, fous autre nom que d'Odes, pour cette méme raifon, feruans de temoignage par ce uice, à leur antiquité. Depuis aiant fait quelques uns de mes amis participans de telles nouuelles inuentions, approuuants mon entreprife, fe font diligentés faire apparoiftre combien noftre France eft hardie, & pleine de tout uertueus labeur, laquelle chofe m'eft aggreable pour ueoir, par mon moien, les uieus Liriques, fi heureufement refufcités. Tu iu-

geras

geras incontinant, Lecteur, que ie suis un uanteur, & glouton de louange: mais si tu ueus entendre le urai, ie m'assure tant de tō accoustumée honnesteté, que non seulemēt tu me favoriseras: mais aussi quād tu liras quelques trais de mes uers, qui se pourroient trouuer dans les oeuures d'autrui, inconsiderément tu ne me diras imitateur de leurs écris, car l'imitatiō des nostres m'est tant odieuse (d'autant que la langue est encores en son enfance) que pour cette raison ie me suis éloingné d'eus, prenāt stile apart, sens apart, euure apart, ne desirant auoir rien de cōmun auecq' une si monstrueuse erreur. Donques m'acheminant par un sentier inconnu, & monstrant le moiē de suiure Pindare, & Horace, ie puis biē dire, (& certes sans uāterie) ce que lui-méme modestement témoigne de lui,

Libera per vacuū posui vestigia princeps,
Non aliena meo pressi pede.

Ie fu maintesfois auecques prieres admonesté de mes amis faire imprimer ce mien petit labeur, & maintesfois i'ai refusé apcruuant la sentēce de mon sententieus Auteur,

Nonúmque prematur in annum.

Et mémement solicité par Ioachim du Bellai, duquel le iugement, l'étude pareille, la longue frequentation, & l'ardant desir de reueiller la Poësie Fran-

A iij

çoife auant nous foible, & languiffante, (ie excepte toufiours Heroet, Sceue, & Saint Gelais) nous a rendus prefque femblables d'efprit, d'inuentions, et de labeur. Ie ne te dirai point à prefent que fignifie Strophe, Antiftrophe, Epode (laquelle eft toufiours differente du Strophe & Antiftrophe de nombre, ou de rime) ne quelle eftoit la lire, fes coudes, ou fes cornes: auffi peu fi Mercure la façona de l'efcaille d'une tortue, ou Polypheme des cornes d'un cerf atachant les cordes au cornes du cerf, le creus de la tefte feruant de concauité refonante: en quel honneur eftojent iadis les Poëtes liriques, côme il accordoient les guerres emeues entre les Rois, & quelle fomme d'argēt il prenoient pour louer les hommes: ie tairai comme Pindare faifoit chanter les hinnes écris à la louange des uainqueurs Olympiens, Pithiens, Nemeans, Ifthmiens. Ie referue tout ce difcours à un meilleur loifir. fi ie uoi que telles chofes meritent quelque breue expofition, ce ne me fera labeur de te les faire entendre, mais plaifir, t'affurant que ie m'eftimerai fortuné, aiant fait diligence qui te foit agreable. Ie ne fai point de doute que ma Poëfie tant uarie ne femble facheufe aus oreilles de nos rimeurs, & principalement des courtizans, qui n'admirent qu'un petit fonnet petrarquizé, ou quelque mignardife d'amour qui continue toufiours en

fon

son propos, pour le moins, ie m'assure qu'ils ne me sçauroient accuser, sans condamner premierement Pindare auteur de telle copieuse diuersité, & oultre que c'est la sauce, à laquelle on doit gouster l'Ode. Ie suis de cette opinion que nulle Poësie se doit louer pour acomplie, si elle ne ressemble la nature, laquelle ne fut estimée belle des anciens, que pour estre inconstante, & uariable en ses perfections. Il ne faut aussi que le uolage lecteur me blâme de trop me louer, car s'il n'a autre argumēt pour médire que ce point là, ou mon orthographe, tant s'enfaut que ie prenne égard a tel ignorāt, que ce me sera plaisir de l'ouir iapper, & caqueter, aiant pour ma deffence l'exemple de tous les Poëtes Grecs & Latins. Et pour parler rondemēt, ces petis lecteurs Poëtastres, qui ont les yeus si agus à noter les friuoles fautes d'autrui, le blâmant pour un A, mal écrit, pour une rime non riche, ou un point superflu, & bref pour quelque legere faute suruenue en l'impression, montrent euidemment leur peu de iugemēt, de s'attacher à ce qui n'est rien, laissant couler les beaus mots sans les louer, ou admirer. Pour telle uermine de gēs ignorantement enuieuse ce petit labeur n'est publié, mais pour les gentils espris, ardās de la uertu, & dedaignans mordre comme les mâtins la pierre qu'ils ne peuuent digerer. Certes ie m'assure

A iiij

que tels debonnaires lecteurs ne me blâmeront, moi de me louer quelque fois modestement, ni aussi de trop hautement celebrer les honeurs des hommes, favorisés par mes uers. car outre que ma boutique n'est chargée d'autres drogues que de louanges, & d'honneurs, c'est le urai but d'un poëte Liriq de celebrer iusques à l'extremité celui qu'il entreprend de louer. Et s'il ne connoist en lui chose qui soit dinne de grande recommandation, il doit entrer dans sa race, & là chercher quelqu'un de ses aieus, iadis braues, & uaillans : ou l'honnorer par le titre de son païs, ou de quelque heureuse fortune suruenue soit à lui, soit aus siens, ou par autres uagabondes digressions, industrieusement brouillant ores ceci, ores cela, & par l'un louant lautre, tellement que tous deus se sentent d'une méme louange. Telles inuentiõs encores te ferai-ie ueoir dãs mes autres liures, ou tu pourras (si les Muses me favorisent cõme i'espere) contẽpler de plus prés les saintes cõceptions de Pindare, & ses admirables incõstances, que le tens nous auoit si longuement celées, & ferai encores reuenir (si ie puis) l'usage de la lire auiourdui resuscitée en Italic, laquelle lire seule doit & peut animer les uers, & leur dõner le iuste poix de leur grauité : n'affectant pour ce liure ici aucun titre de reputation, lequel ne t'est laché que pour aller

ler découurir ton iugement, affin de t'enuoier après un meilleur combatant, au moins si tu ne te faches dequoi ie me trauaille faire entendre aus étrangers que nostre lãgue (ainsi que nous les surpassons en prouesses, en foi, & religion,) de bien loin deuanceroit la leur, si ces fameus Sciamaches d'au iourdhui uouloient prendre les armes pour la defendre, & uictorieusement la pousser dans les païs étrangers. Mais que doit on esperer d'eus? lesquels étants paruenus plus par opinion, peut estre, que par raison, ne font trouuer bon aus princes sinon ce qu'ils leur plaist: et ne pouuãts souffrir que la clarté brusle leur ignorance, en medisant des labeurs d'autrui deçoiuent le naturel iugement des hõmes abusés par leurs mines. Tel fut iadis Bacchylide à l'entour d'Hieron Roi de Sicile tant notté par les uers de Pindare: & tel encores fut le sçauant enuieus Challimaq impatient d'endurer qu'un autre flattast les oreilles de son Roi Ptolémée, medisant de ceus qui táchoient comme lui de gouter les mannes de la roialle grandeur. Bien que telles gens foisonnent en honneurs, & qu'ordinerement on les bonnette, pour auoir quelque titre de faueur: si mourront ils sans renom, & reputation, & les doctes folies de poëtes suruiuront les innombrables siecles auenir, criants la gloire des princes consacrés par eus à l'immortalité.

AVERTISSEMENT AV
Lecteur.

J'Auoi deliberé, lecteur, suiure en l'orthographe de mon liure, la plus grand part des raisons de Louis Meigret, homme de sain & parfait iugement, qui a le premier osé desseiller ses yeus pour uoir l'abus de nostre écriture, sans l'auertissement de mes amis, plus studieus de mon renom, que de la uerité : me paignant au deuant des yeus, le uulgaire, l'antiquité, & l'opiniatre auis de plus celebres ignorans de nostre tens : laquelle remontrāce ne m'a tant sçeu epouanter, que tu n'i uoies encores quelques merques de ses raisons. Et bien qu'il n'ait totalement raclé la lettre Grecque y, cōme il deuoit, ie me suis hazardé de l'effacer, ne la laissant seruir sinon aus propres noms grecs, comme en Tethys, Thyeste, Hippolyte, Vlysse, affin qu'en les uoiant, de prime face on connoisse quels ils sont, & de quel païs nouuellement uenus uers nous, non pas en ces uocables abime, Cigne, Nimphe, lire, sire (qui uiët comme l'on dit de κύριος changeant la lettre κ en σ) lesquels sont déia reçeus entre nous pour François, sans les marquer de cét. epouantable crochet d'y, ne sonnant non plus en eus que nostre I en ire, simple, nice, lime. Bref ie suis d'opinion (si ma raison a quelque ualeur)

lors

lors que tels mots grecs auront long tens demeuré en France, les reçeuoir en nostre mégnie, puis les merquer de l'I Frãçois, pour montrer qu'ils sont nostres, & non plus inconnus étrangers: car qui est celui qui ne iugera incontinent que Sibille, Cibele, Cipris, Ciclope, Nimphe, Lire, ne soient naturellement Grecs, ou pour le moins étrangers, puis adoptés en la famille des François, sans les marquer de tel epouantail de Pythagore? Tu dois sçauoir que un peu deuant le siecle d'Auguste la lettre grecque y étoit incõnue aus Rommains, comme l'on peut uoir par toutes les comedies de Plaute, ou totalement tu le uoiras outé, ne se seruãt point d'un charactere étranger dans les noms adoptés, cõme Amphitruõ pour Amphitryõ. & si tu me dis qu'anciẽment il prononçoient la lettre y comme auiourdhui nous faisons sonner nostre V latin, il faut donques que tu le prononces encores ainsi, disant Cubele, pour Cybele. Mais ie te ueil dire d'auãtage, que l'y n'a pas été tant affecté des Latins (ainsi qu'assurent nos docteurs) pour le retenir comme enseigne en tous les uocables des Grecs tournés par eus en leur langue, mais il l'ont ordinerement transformé, ores en V comme μῦς mus, ores en A κύων canis, ores en O ὕπνος somnus, tournant l'ésprit aspre notté sur υ en S, comme étoit presque leur uieille coutume, auãt que l'aspiration H fut trouuée.

Ie t'ai bien uoulu admonnester de ceci, pour te montrer que tant s'en faut qu'il faille écrire nos mots François par l'y grec, que nous le pouuons bien oter suiuant ce que i'ai dit hors du nom naturel, pourueu qu'il soit usité en nostre langue. & si les Latins le retiennent en quelques lieus, c'est plus pour montrer l'origine de leur quantité, que pour besoin qu'il en aient. S'il auiẽt que nos modernes sçauãts se ueillẽt trauailler d'inuenter des dactyles, & spõdées en nos uers uulgaires, lors à l'imitation des Latins nous le pourrons retenir dans les noms uenus des Grecs, pour montrer la méme quãtité de leur origine. Et si tu le uois encores en ce mot yeus seulemẽt, saiche que pour les raisons dessus mentionnées, obeissant à mes amis, ie l'ai laissé maugré moi, pour remedier à l'erreur auquel pourroient tumber nos scrupuleus uieillars, aiant perdu leur merque en la lecture de yeus, & de ieus : Te supliant lecteur, uouloir laisser en mon liure la lettre I en sa naïue signification, ne la deprauant point, soit quelle commance la diction, ou quelle soit au meilleu de deus uoielles, ou à la fin du uocable, sinon en quelques mots, comme en ie, en ieus, iugement, ieunesse, & autres, ou abusant de la uoielle I, tu le liras pour I consonne, inuenté par Meigret, atendant que tu receuras cette merque d'I consonne, pour restituer l'I uoielle, en sa premiere liberté.

berté. Quād aus autres diphthōgues, ie les ai laiſſees en leur vieille corruption, auecques inſuportables entaſſemens de lettres ſinne de noſtre ignorance, & de peu de iugement, en ce qui eſt ſi manifeſte & certain: eſtant ſatisfait d'auoir déchargé mō liure pour cette heure, d'une partie de tel faix: atandant que nouueaus charaɛteres ſeront forgés pour les ſyllabes, ll gn ch & autres. quand à la ſyllabe ph, il ne nous faut autre notte que noſtre F qui ſonne autant entre nous que φ entre les Grecs, comme manifeſtement tu peus uoir par ce mot φιλn, feille. Et ſi tu m'accuſes d'eſtre trop inconſtant en l'orthographe de ce liure, écriuant maintenant eſpée, épée, accorder, acorder, uétu, ueſtu, eſpandre, épandre, blaſmer, blâmer, tu t'en dois collererer contre toi mêmes, qui me fais eſtre ainſi, cherchant tous les moiens que ie puis deſcruir aus oreilles du ſçauant, & auſſi pour acoutumer le uulgaire à ne regimber contre l'équillon, lors que on le piquera plus rudement, montrant par cette inconſtance, que ſi i'eſtoi reçeu en toutes les ſaines oppinions de l'orthographe, tu ne treuuerois en mon liure preſque une ſeulle forme de l'eſcriture que ſans raiſon tu admires tant. T'aſſurant qu'à la ſeconde impreſſion ie ne ferai ſi grand tort à ma langue que de laiſſer étrangler une telle uerité, ſous couleur de uain abus. Auſſi tu ne treuueras facheus

ſi i'ai quelques fois chãgé la lettre E en A, & A en
E & biẽ ſouuẽt, ôtant une lettre d'un mot, ou la lui
adioutant, pour faire ma rime plus ſonoreuſe ou
parfaite: certes telle licence a touſiours été concedée
aus poëmes de longue alaine, ou de mediocre uertu,
pourueu qu'elle ſoit rarement uſurpée, non à ces ri-
mes uulgaires, orphelines de la uraie humeur poëti-
que. Et ſi quelq'un par curieuſe opinion plus toſt
que par raiſon ſe colere contre telle honteuſe liberté:
il doit apprendre qu'il eſt ignorant de ſa langue, ne
ſentant point que E eſt fort uoiſine de la lettre A,
uoire tel que ſouuent ſans i penſer nous les confon-
dons naturellement, comme en uent, uant, & au-
tres infinis. & s'il ne ſe contente de ces raiſons, qu'il
regarde la liberté des Grecs, & Latins, qui muent,
& changẽt, changent & remuent les lettres ainſi
qu'ils leurs plaiſt, pour obeir au ſon, ou à la forçente
loi de leurs uers, comme κραδία pour καρδία, olli
pour illi. Si telles libertés n'ont lieu en noſtre lan-
gue, qui eſt celui qui uoudroit ſe trauailler à labou-
rer un chãp tãt ingrat & inutile? Au ſurplus, le-
cteur, tu ne ſeras émerueillé ſi ie redi ſouuent mémes
mots, mémes ſentences, & mémes trais de uers, en
cela imitateur des poëtes Grecs, & principalement
d'Homere, qui iamais, ou bien peu ne change un bon
mot, ou quelque trac de bons uers, quand une fois il
ſe

se l'est fait familier. Ie parle à ceus qui miserablemēt épient le moien pour blasonner les écris d'autrui, courroussés peut estre, pour m'ouir souuent redire, le miel de mes uers, les ailes de mes uers, l'arc de ma muse, mes uers sucrés, un trait ailé, empaner la memoire, l'honneur alteré des cieus, & autres semblables atomes, par lesquels i'ai composé le petit monde de mes inuentions. Quand tels Grimmaus ne reprennent d'un poëme que telles choses, ou (comme i'ai desia dit) quelque petit mot, non richement rimé, ou une uirgule pour un point, ou l'orthographe, lors le Poëte se doit assurer d'auoir bien dit, uoire de la uictoire, puis que ses aduersaires mal embatonnés, le combatent si foiblement.

Fin.

SONNET.

Comme un torrent, qui s'enfle & renouuelle
  Par le degout des hauts sommés chenus,
  Froissant & ponts, & riuaiges connus
  Se fait (hautain) une trace nouuelle :
Tes uers Ronsard, qui par source immortelle
  Du double mont sont en France uenus
  Courent (hardis) par sentiers inconnus
  De méme audace, & de carriere telle.
Heureuses sont tes Nimphes uagabondes,
  Gastine sainte, & heureuses tes ondes,
  O petit Loir, honneur du Vandomois!
Ici le luc, qui n'aguere sur Loire
  Souloit répondre au mouuoir de mes dois,
  Sacre le pris de sa plus grande gloire.

      Cælo Musa beat.

LE PREMIER LIVRE DES
O des de Pierre de Ronsard Vandomois.

AV ROI.

ODE. 1.   STROPHE. 1.

Comme un qui prend une coupe,
Seul honneur de son tresor,
Et donne à boire à la troupe
Du uin qui rit dedans l'or:
Ainsi uersant la rousée,
Dont ma langue est arousée,
Sus la race de VALOIS,
En mon dous Nectar i'abreuue
Le plus grand Roi qui se treuue,
Soit en armes ou en lois.

ANTISTROPHE.

Heureus l'honneur que i'embrasse,
Heureus qui se peut uanter
De uoir la Thebaine Grace
Qui sa uertu ueut chanter:
L'aiant pour ma guide, SIRE,
Autre bien ie ne desire,
Que d'apparoistre à tes yeus,
Le saint Harpeur de ta gloire,

Et l'archet de ta memoire
Pour là tirer dans les cieus.
EPODE.
Muse, bande ton arc dous,
Muse ma douce esperance,
Quel Prince fraperons nous,
L'enfonçant parmi la France?
Sera-ce pas nostre ROI,
Duquel la divine oreille,
Humera cette merueille
Qui n'obëist qu'a ma loi?
STRO. 2.
De Iupiter les antiques
Leurs ecris embellissoient,
Par lui leurs chants poëtiques
Commençoient, & finissoient,
Prenant plaisir d'ouir dire
Ses louanges à la lire:
Mais HENRI sera le Dieu
Qui commēcera mon mettre,
Et que i'ai uoué de mettre
A la fin & au meilieu.
ANTISTRO.
Le ciel qui ses lampes darde
Sur ce tout qu'il apperçoit,
Rien de si grand ne regarde

Qui

LIVRE 1.

Qui moindre des Rois ne soit.
La terre sous eus se plie,
La mer fiere s'humilie
Au tonnerre de leur uois.
Il n'i a rien qu'ils n'ateignent,
Et bref tous les hommes creignent
L'horrible foudre des Rois.

EPO.

Mais du nostre le grand heur
Les autres d'autant surpasse,
Que d'un rocher la grandeur
Les flancs de la riue basse.
Puisse-il par tout l'uniuers
Deuant ses ennemis croistre,
Et pour ma guide apparoistre
Desus le front de mes uers.

A LA ROINE.

ODE. 2. STROPHE. 1.

Ie suis troublé de fureur,
Le poil me dresse d'horreur,
D'une ardeur mon ame est pleine:
Mon estomac est pantois,
Et par son canal ma uois

Peut se degorger à peine,
Vne deité m'emmeine:
Fuiez peuple qu'on me laisse,
Voici uenir la déesse,
Ie la sen entrer en moi:
Heureus celui qu'elle garde,
Et celui qui la regarde
Dans son temple ou ie la uoi.

ANTISTRO.

Goutant le miel de mes chants,
Ell' me guide par les champs
Ou iadis sur le riuage
Apollon Florence aima,
Lors que ieune elle s'arma
Pour combatre un loup sauuage:
L'art de filler, ni l'ouurage
Ne plurent à la pucelle,
Ni le lit mignard: mais elle
Deuant le iour s'eueillant
Cherchoit des loups le repaire,
Pour les beufs d'Arne son pere
Sans repos se trauaillant.

EPO.

Le Dieu qui du ciel la uit
Si ualeureuse, & si belle,
Entre ses braz la rauit

Et

Et surnomma du nom d'elle
La uille qui te fit naistre,
Laquelle se uente d'estre
La mere à nostre Iunon,
Et ou ta diuine race
Depuis un si long espace
A fait fleurir son renom.

STRO. 2.

La, l'honneur de tes aieus
Va flamboiant comme aus cieus
Flamboie l'Aurore claire,
Et l'honneur de ton Iulien
Qui par l'air Italien
Comme une planete eclaire:
Par lui le gros populaire
Pratiqua l'experience
De la meilleure science,
Et la, reluisent aussi
Tes deus grands Papes, qui ores
Du ciel ou il sont, encores
Te fauorizent ici.

ANTISTRO.

Comme on ne conte les fleurs
Du Printens, ne les couleurs
Qui peignent la uerte place:
Ainsi ie ne puis penser,

ODES

De nombrer ni recenser
Les louanges de ta race.
Le ciel t'a mis en la face
Ie ne sçai quoi qui nous montre
Des la premiere rencontre
Que tu passes par grand heur
Les Princesses de nostre age,
Soit en force de courage
Ou en roiale grandeur.

EPO.

Le comble de ton sçauoir,
Et de tes uertus ensemble,
Dit, que l'on ne sçauroit uoir
Rien que toi qui te resemble.
Quelle Dame a la pratique
De tant de mathematique,
Et quelle Roine entent mieus
Du grand monde la peinture,
Les chemins de la nature,
Ou la musique des cieus?

STRO. 3.

Ton nom bruiant en mes uers
Couurira tout l'uniuers
De ta louange notoire:
Vn tas qui chantent de toi,
Ne sçauent si bien que moi

Comme

Comme l'on sonne la gloire.
Iuppiter aiant memoire
D'une vieille destinée
Autresfois determinée
Par l'oracle de Themis,
A commandé que Florence
Desous les lois de la France
A baisse, le chef ait soumis

ANTISTRO.

Mais il ueut que ton enfant
En soit uainqueur triumphant,
D'autant qu'il est tout ensemble
Italien & François.
Qui de front, d'ieus, & de uois,
A Pere & Mere ressemble.
Desia tout colere il semble
Que sa main tente les armes,
Et qu'au melieu des alarmes
Il dedaigne les dangers,
Et seruant aus siens de guide
Mette le frain & la bride
Aus roiaumes etrangers.

EPO.

Le ciel qui l'a tant orné
De felicité compaigne,
Son empire n'a borné

ODES

D'un fleuue, ou d'une montaigne.
Le destin ueut qu'il enserre
Dans sa main toute la terre,
Roi seul se faisant nommer
D'ou Phebus sa couche laisse,
Et du bord ou il s'abaisse
Tout penchant dedans la mer.

A MADAME MARGVERITE.

ODE. 3. STRO. 1.

Il faut que i'aille tanter
L'oreille de MARGVERITE,
Et dans son palais chanter
Quel honneur elle merite :
Debout Muses, qu'on m'atelle
Vostre charette immortelle,
Affin qu'errer ie la face
Par une nouuelle trace,
Chantant la uierge autrement
Que nos poëtes barbares,
Qui ses saintes uertus rares
Ont souillé premierement.

ANTISTRO.

I'ai sous l'esselle un carquois

Gros

LIVRE 1.

Gros de fleches nompareilles,
Qui ne font bruire leurs uois
Que pour les doctes oreilles:
Leur roideur n'est apparante,
A telle bande ignorante,
Quand l'une d'elles annonce
L'honneur que mon arc enfonce:
Entre toutes i'elirai
La mieus sonnante, & de celle
Par la terre uniuerselle
Ses uertus ie publirai.

EPO.

Sus mon Ame, ouure la porte
A tes uers plus dous que miel,
Affin qu'une fureur sorte
Pour la rauir iusque au ciel:
Du croc arrache la Lire
Qui tant de gloire t'aquit,
Et uien sus ses cordes dire
Comme la Nimphe náquit.

STRO. 2.

Par un miracle nouueau
Pallas du bout de sa lance
Ouurit un peu le cerueau
De François seigneur de France,
A donques Vierge nouuelle

ODES

Tu sortis de sa ceruelle,
Et les Muses qui te prindrent
En leurs sciences t'apprindrent:
Mais quand le tens eut parfait
L'acroissance de ton age,
Tu pensas en ton courage,
De mettre achef un grand fait.
ANTISTRO.
Tes mains s'armerent alors
De l'horreur de deus grands haches:
Tes braz, tes flancs, & ton cors,
Sous un double fer tu caches:
Vne menassante creste
Branloit au hault de ta teste
Ioant sur la face horrible
D'une Meduse terrible:
Ainsi tu alas trouuer
Le uilain monstre Ignorance,
Qui souloit toute la France
Desous son uentre couuer.
EPO.
L'ire qui la Beste offense
En uain irrita son cueur,
Pour la pousser en defense
S'opposant au bras uainqueur:
Car le fer pront à la batre

LIVRE I.

Ia dans son uentre est caché,
Et ia trois fois uoire quatre,
Le cueur lui a recherché.

STROPH. 3.

Le Monstre gist etandu,
De son sang l'herbe se mouille:
Aus Muses tu as pandu
Pour Trophée sa depouille:
Puis uersant de ta poitrine
Mainte source de doctrine,
Au urai tu nous fais connoistre
Le miracle de ton estre.
Pour cela ie chanterai
Ce bel hinne de uictoire,
Et de France à la Gent noire
L'enseigne i'en planterai.

ANTISTRO.

Mais moi qui suis le témoin
De ton los qui le monde orne,
Il ne faut ruer si loin
Que mon trait passe la borne:
Frape à ce coup MARGVERITE,
Et te fiche en son merite,
Qui luit comme une planette
Ardante la nuit brunette.
Repandons deuant ses ieus

ODES

Ma musique toute neuue
Et ma douceur qui abreuue
L'honneur alteré des cieus.

EPO.

Affin que la Nimphe uoie
Que mon luc premierement
Aus François montra la uoie
De sonner si proprement:
Et comme imprimant ma trace
Au champ Attiq' & Romain,
Callimaq', Pindare, Horace,
Ie deterrai de ma main.

AV REVERENDISSIME
Cardinal de Guise.

ODE. 4. STRO. 1.

Quand tu n'aurois autre grace
Ni autre present des cieus,
Que d'estre né de la race
De tant de Rois tes aieus,
Ie trouueroi trop de lieus
Pour te bastir une gloire,
Car si ie ueil raconter
De ton grand Billon l'histoire,

Qui

Qui peut les Turcs surmonter
Par une heureuse uictoire,
Ou la fameuse memoire
De ses combas, ou les Rois
Desquels la riche Sicile
A leur obeir docile
Ecouta les saintes lois.
ANTISTRO.
Leur uertu qui au ciel monte
Te feroit seule immortel,
Mais ta uergongneuse honte
Rougiroit d'un honneur tel.
Ie te ueil faire un autel
Ou maugré l'an qui tout mange,
Ton propre los ie peindrai
D'une encre qui ne se change,
Et là, ce ueu ie pendrai,
Qui au Pelerin etrange
Racontera ta louange,
Et la uertu qui reluit
Par les ans de ta ieunesse,
Comme l'or sur la richesse,
Ou la Lune par la nuit.
EPO.
Tout l'honneur qui en la France
Du sein aus Dieus deualla,

ODES

Pour enrichir ton enfance
Au haut de ton front alla,
Et depuis s'est ecri la:
Donques, Prelat de bon heur
Qui tiens le sommet d'honneur,
Et en qui le Roi contemple
Des uertus le urai exemple,
Soi content d'un si grand bien,
Et ne souhette plus rien:
Car toi qui ta uie aroses
Du miel des heureuses choses,
Et à qui mon hinne donne
Vne louange si bonne
Criant ta gloire en tout lieu,
Cesse de plus rien attendre
Et ne ueilles point apprendre,
A te faire un nouueau dieu.

LA VICTOIRE DE FRANCOIS DE
Bourbon conte d'Anguien à Cerizoles.

ODE. 5. STRO. 1.

L'hinne que Marot te fit
Apres l'heur de ta uictoire,
Prince uainqueur, ne sufit
Pour eternizer ta gloire.

Ie confesse bien qu'a l'heure
Sa plume étoit la meilleure
A desseiner simplement
Les premiers trais seulement,
Attendant la main parfaite
D'un ouurier ingenieus,
Par qui elle seroit faite
Iusque au comble de son mieus.

ANTISTRO.

Ores moi qui tien au poin
L'arc des muses bien peignées,
I'enuoirai le los plus loin
De tes couronnes gaignées,
Faisant bruire ta victoire
Desus ma Lire d'iuoire,
Tes coups de masse, & l'horreur
De ta uaillante fureur
Qui tonnoit en ton ieune age,
Moissonnant les ennemis
Que le martial orage
Deuant ta foudre auoit mis.

EPO.

Voi uoler mon dart etrange
Par ma muse emmiellé,
Et de ta victoire ailé
Qui uient ficher ta louange.

ODES

Ores il ne faut point mettre
En auant un petit metre:
Mais des uers parfais & bons
Faisant craqueter & dire
Desus les nerfs de ma Lire
FRANCOIS, l'honneur des Bourbons.

STRO. 2.

Qui en la prime saison
Ou la ieunesse dorée,
Epand sa crespe toison
Sur la ioue colorée,
Par la pointe de sa lance
Reueilla l'honneur de France,
Aiant brisé la uertu
Du uiel Marquis abatu,
Et coupant les nerfs d'Espaigne
Sans force les a rendus,
Emmoncelant la campaigne
De soudars mors etendus.

ANTISTRO.

Comme un afamé Lion
Qui de soif la gorge a cuite,
Tout seul donte un million
De cerfs legers à la fuite:
Ainsi rouant ta grand masse
De mors tu paues la place,

Foudroiant

LIVRE 1.

Foudroiant, froissant, brisant,
L'aleman contredisant,
Et brulé de la victoire
Tu engraues sur son dos
En lettres rouges, la gloire
De la France & de ton los.

EPO.

Iamais la Muse ne soufre
Qu'un silence sommaillant
En ses tenebres engoufre
Les faits d'un homme vaillant.
La France ne voit encore
De nul Prince qu'elle honnore
La gloire si bien emprainte
Comme i'ai la tienne painte,
Dardant le nom par mes uers
De toi Prince, qui es dinne
D'estre seigneur de mon hinne,
Voire de tout l'uniuers.

STRO. 3.

Muses ne vaut-il pas mieus
Que moi harpeur de la gloire
Aus vieus Bourbons ses aieus
Ie face ouir sa victoire?
Seule douce recompense
Des coups & de la depense,

ODES

Car la poudre des tumbeaus
N'engarde que les faits beaus
Des fils heureus & prosperes,
Viennent la bas reiouir
Les oreilles de leurs peres
Alterés de les ouir.

ANTISTRO.

Fille du neueu d'Atlas
Poste du monde ou nous sommes,
Qui n'eus onques le bec las
De chanter les faits des hommes,
Va-tan la bas sous la terre
Et à CHARLES, & à PIERRE,
Di que FRANCOIS leur neueu
Auiourdui uainqueur s'est ueu
De l'Imperialle audace,
Tremblante desous sa main,
N'aiant dementi sa face
Par un fait couard & uain.

EPO.

Autour de la uie humaine
Maint orage ua uolant,
Qui ores le bien ameine
Ores le mal uiolant:
La face de la Fortune
Ne se montre aus Rois toute une,

LIVRE I.

Et iamais nul ne se treuue
Qui iusque à la fin epreuue
L'entiere felicité.
Les hommes iournaliers meurent
Les dieus seulement demeurent
Exentés d'auersité.

AV SEIGNEVR DE CARNAVALET.

ODE. 6.   STRO. 1.

Ma promesse ne ueut pas
Que ton nom tumbe la bas
Orphelin du urai honneur,
Ne sans auoir connoissance
Combien Ronsard à puissance,
Et dequoi il est donneur.
Muses filles de ce Dieu
Par qui la foudre est lancée,
Venéz moi dire en quel lieu
Il est peint dans ma pensée:
En oublie l'auoi mis
Laissant glisser la memoire
Qu'autresfois ie lui promis
Verser au monde sa gloire:
Mais de main heureuse & forte

b ij

ODES

Chassez l'iniure, de sorte
Qu'il uoie parfaitement,
Que nulle mortelle chose
Ferme ne fut onques close
Sous l'huis de l'entendement.

ANTISTRO.

Le tens uenant de bien loin
M'a blasmé comme témoin
Du paiment de mon deuoir,
Mais au pis aler l'usure
Raclera toute l'iniure
Que i'en pourroi receuoir:
C'est un trauail de bon heur
Chanter les hommes louables,
Et leur bastir un honneur
Seul uainqueur des ans muables.
Le marbre, ou l'airain uetu
D'un labeur uif par l'enclume,
N'animent pas la uertu
Comme ie fai par ma plume:
Ores donq' ta renommée
Voira les cieus, animée
Par le labeur de mes dois:
Telle durable richesse
Sur la Roiale largesse
Heureuse estimer tu dois.

EPO.

LIVRE 1.

EPO.

Quelle louange premiere
T'ardera par l'uniuers,
Flamboiant en la lumiere
Que degorgeront mes uers?
Dirai-ie l'experience
Que tu as en la science,
Ou ta main qui sçait l'adresse
De façonner la ieunesse
L'acheminant à bon train,
Ou ton art qui ammonneste
L'esprit de la fiere beste
Se rendre docile au frain?

STRO. 2.

Qu'ua porta du ciel Pallas
Au beau Bellerophon las
De uouloir en uain donter
Le fils ailé de Meduse,
Qui enregimbant refuse
Le soufrir sur lui monter:
Quand la nuit il entendit
Pallas des soudars la guide,
Dont le hault cri lui a dit
Dors-tu la race Aiolide?
Pren le secours de tés maus
Cette medecine douce,

Laquelle des fiers chevaus
Le gros courage repousse,
Lui qui soudain se reueille
De uoir le frain s'emerueille,
Et le prenant la caché,
Dans l'opiniatre bouche
Du cheual, non plus farouche
L'aiant un petit maché.
ANTISTRO.
Lors le ioignant de plus pres
Osa tanter l'air apres
Monté sus le dos uolant,
Et se iouant en ses armes
Fist de merueilleus alarmes
Deuoutant l'arc uiolant:
La puante ame il embla
De la Chimere à trois formes,
Et le col lui dessembla
Hors de ses testes difformes,
A terre morte il rua
Des guerrieres la uaillance,
Mais quel mechef le tua
Ie le passe sous silence:
Les Craiches des Dieux receurēt
Le cheual qu'els' apperceurent
Culbuter son maistre a bas.
L'homme qui ueut entreprendre

Tanter les cieus doit apprendre
A s'éleuer par compas

EPO.

Automedon, ne Stenelle
Dont la longue antiquité
Chante la gloire eternelle
La tienne n'ont merité:
Ou soit pour rendre docile
L'ardant cheual dificile,
Ou soit pour le faire adestre
A la gauche & à la destre
O beissant à tes lois,
Afin que par ta conduite
Il puisse tourner en fuite
Le camp ennemi des Rois.

STRO. 3.

Tes uieus aieus maternels
Et tes oncles paternels
Diuers champs ont habité:
Mais toi seul qui leur succedes
Des deus tu tiens & possedes
Les biens qu'ils ont herité.
Quand la bize uient facher
La proue quel' soufle & uire,
Alors il fait bon lacher
Deus ancres de son nauire.

ODES

La France te va louant
Pour son fils, & la Bretaigne
De t'aller sien auouant
Si grand honneur ne dedaigne:
Mais tu és fils legitime
De la uertu qui t'estime
T'ornant de ses dons diuers,
Pour ce-la ma douce corde
Parlant t'a gloire s'accorde
Auecq' le son de mes uers.

ANTISTRO.

Les quels en douceur parfaits
Apparoistre ce sont faits
Sur le riuage du Loir,
Consacrans à la memoire
Les uertueus, qui leur gloire
Ne mettent en nonchaloir.
Comme le fils qu'un pere à
De sa fame en sa uieillesse,
Ainsi mon chant te plaira
Bien que tardie te le laisse.
Le mourant n'a tant d'ennui
Lachant sa richesse exquise
Aus etrangers, qui de lui
Rauiront la chose aquise,
Comme celui qui deuale

Dedans

LIVRE I.

Dedans la barque infernale
De mes hinnes deuetu:
En uain l'on trauaille au monde
Si la lirique faconde
Fait muéte la uertu.

EPO.

Mais la mienne emmiellée
Qui sçait les lois de mon doi,
Aueq' les flutes meslée
Chassera l'oubli de toi.
Les neuf diuines Pucelles
Gardent la gloire chez elles,
Et mon luc quels ont fait éstre
De leurs secrés le grand prestre,
Bruiant un chant solennel,
Epandra de sus ta face
Le dous sucre de sa grace,
Dont le gout semble eternel.

VSVRE A LVIMESME

ODE 7.

Ne pilier, ne terme dorique
D'histoires vieilles decoré,
Ne marbre tiré de l'Afrique

ODES

En colonnes elabouré,
Ne fer animé sur l'enclume
Ne feront uiure ton renom,
Comme la poincte de ma plume
Pourra perpetuer ton nom.
Le compaignon des Dieus ie uante
Celui qui se peut faire ami
Du luc Vandomois qui le chante
Charmant le silence endormi:
Le bruit de sa corde animée
Fredonnant ton los euident,
Fera parler ta renommée
De l'un iusque a l'autre Occident

LA VICTOIRE DE GUIDE
Chabot seigneur de Iarnarc.

ODE 8. STRO. 1.

O France mere fertile
D'un peuple a la guerre utile,
Terre pleine de grandheur,
Recoi la douce couronne
Que Chabot consacre & donne
Au temple de ta grandeur
Lequel ains que son espée

Au

LIVRE I.

u sang haineus fust trempée,
e sa langue douce & mole
desaigrit son souci,
 du miel de sa parole
ignit sa chere ame ainsi.

ANTISTRO.

e ame lache & couarde
u peril ne se hazarde,
d'ou uient cela que ceus
ui pour mourir ici uiuent,
honneste danger ne suiuent
 la uertu paresseus?
iserable qui se laisse
ngloutir à la uieillesse,
eureus deus & trois fois l'homme
ui dedaigne les dangers,
e lui la gloire se nomme
ar les peuples etrangers.

EPO.

isant tels mots il appreste
u combat ses membres fors,
e fer il arma sa teste,
t de mailles tout son cors,
 prist l'espée en la destre,
e bouclier en la senestre,
t horrible à l'approcher

ODES

E clairoit comme une foudre
Qui vient pour ruer en poudre
Le haut sourci d'un rocher.

STRO. 2.

De iuger par coniecture
La fin de l'heure future
Nous rend le cueur plus haultain,
A portant à qui i pense
Vne grande recompense
D'auoir preueu l'incertain:
Mesmes c'est le tout que d'estre
Aus armes fait & adestre,
Qui doiuent briser l'audace
De l'auersaire odieus,
Et qui au uainqueur font place
Au plus haut siege des dieus.

ANTISTRO.

Toi, dauant les yeus de France
P'er à per en camp d'outrance
Tu remis de sus ton front
Ce qu'on embloit de ta gloire,
Et ï i grauai la uictoire
Que mille ans ne deferont,
Tes uertus & ton audace
Et le dous miel de ta grace
Qui eut désegri la rage

LIVRE I.

Du plus foible belliqueur,
Si la fureur du courage
Ne lui eust sillé le cueur.

EPO.

Vne nuc d'erreur pleine
Qui monte en nous uoluntiers
Voilant la raison nous meine
Esgarés des beaus sentiers:
Nous fians (sos que nous sommes)
Aus uens incertains des hommes
Qui souflent pour nous tromper
En cent sortes & manieres,
Et aus faueurs iournalieres
Que le fer peut bien couper.

STRO. 3.

Les enuieus & l'enuie
Espient tousiours la uie
De l'homme, à qui le bon heur,
Et la uictoire honnorable
Par sa face uenerable
Ont fait couler un honneur.
La loi de nature tourne,
Rien de ferme ne seiourne,
Diuers uens sont en mesme heure:
Ore Iuer, ores Printens:
La uertu ferme demeure

ODES

Encontre le heurt du tens.

ANTISTRO.

Ce dous labeur que i'acorde
Desus ma louarde corde
Ne cesse de me tanter
Affin qu'au iour ie le montre,
Et que ie marche à l'encontre
Du uainqueur pour le chanter,
Le mariant aus aleines
Des trompettes qui sont pleines
D'un son plus horrible & graue
On ne mait à non chaloir
La uictoire que ie laue
Dedans les ondes du Loir.

EPO.

Qu'on chante les nouueaus hinnes
Mais uantez moi les uins uieus:
Ceus qui font les uertus dinnes
Sont engraués dans les cieus:
Du couard la renommée
Ne fut onques estimée
(Quoi qu'il tranche du uaillant)
Soit au camp parmi les troupes,
Ou sur la mer dans les poupes
Lors que l'on ua bataillant.

STRO.

STRO. 4.

Laquelle à connu ta race
Humiliant son audace
Sous ton oncle gouuerneur,
De chaque onde qui arriue
Contre la Françoise riue
Bruiante encor son honneur.
O Chabot bien peu ie prise
De gaigner une entreprise
Que la fortune deliure
A chaq'un egalement:
Mais c'est beaucoup que de uiure
Par elle eternellement.

ANTISTRO.

Ta uertu seroit trompée
Et non plus que ton espée
Mist à uaincre l'enyemi,
Non plus uiue seroit elle
Si ie n'auoi coupé l'aile
Du long silence endormi,
Monstre qui à de coutume
De couuer desous sa plume
La uertu qui s'est parfaite
En l'honneur d'un acte beau,
Mais celle que tu as faite
N'ira pas sous le tumbeau.

ODES

EPO.

I'ai uoué de faire croistre
Ta gloire contre les ans,
Faisant par elle apparoistre
Combien mes uers sont plaisans,
Qui temoignent à la France
Comme ta braue asseurance
Te fist marcher glorieus,
Vestu d'honneur & de gloire,
Aiant raui la uictoire
Par le fer uictorieus.

A IOVACHIM DV BELLAI
Angeuin.

ODE. 9. STRO. 1.

Auiourdui ie me uanterai
Que iamais ie ne chanterai
Vn homme plus aimé que toi
Des neuf pucelles & de moi,
Poëte qui cornera ta gloire
Que toute France est apreuuant,
Dans les delices s'abreuuant
Dont tu flates l'orgueil de Loire:
Car si un coup elle apperçoit,

Qu'a

LIVRE 1.

Qu'a du Bellai mon hinne soit,
Par monceaus elle acourra toute
Autour de ma Lire, ou degoute
L'honneur distilant de ton nom
Mignardé par l'art de mon pouce,
Et pour licher la gloire douce
Qui emmielle ton renom.

ANTISTRO.

Hai auant Muse, ores il faut
Te guinder par l'air aussi haut
Que ses uertus m'ont mis ici
Desous le ioug d'un dous souci:
Il le merite ma mignonne,
Nul tant que lui n'est adorant
Les uers dont tu uas honorant
La gloire de ceus que ie sonne:
Il s'egaie de tes chansons,
Et de ces nouuelles façons,
Auparauant non immitables
Qui font émerueiller les tables,
Et les gros sourcis renfoncer
De cette ialouse ignorance,
Qui ose desia par la France
L'honneur de mes uers offenser.

EPO.

L'homme est fol qui se trauaille

ODES

Porter en la Mer des eaus,
A Corinthe des uesseaus,
Et fol qui des uers te baille:
Si t'enuoirai-ie les miens
Pour rencherir plus les tiens,
Dont les douceurs nompareilles
Sçauent flater les oreilles
Des Rois béans à t'ouir:
Seule en France est nostre Lire
Qui les fredons sache elire
Pour les Princes reiouir.

STRO. 2.

Celui qui est endoctriné
Par le seul naturel bien né
Se haste de rauir le pris:
Mais ces rimeurs qui ont apris
Auec trauail, peines, & ruses,
Tousiours ils enfantent des uers
Tortus, & courans de trauers
Parmi la carriere des muses:
Eus égualés à nos chants beaus,
Il sont semblables aus corbeaus
Lesquels desous l'ombre quaquetent
Contre deus aigles, qui aguetent
(Portans la foudre du grand Roi)

LIVRE I.

e tens de ruer leurs tempestes
esus les miserables testes
e ces criards palles d'éfroi

ANTISTRO.

oians l'aigle: mais ni les ans,
i l'audace des uens nuisans,
i la dent des pluies qui mord,
e donne aus uers doctes la mort:
ar eus la Parque est deuancée,
s ardent l'eternelle nuit,
ousiours fleurissans par le fruit
ue la muse ente en leur pensée,
e tens qui suruient de bien loin
n est le fidele témoin.
ertes la muse babillarde
honneur d'un chaq'un ne regarde,
nimant ores cetui-ci,
t ores ces deus-la, car elle
es haus Dieus la fille eternelle
e se ualette pas ainsi.

EPO.

'aiant prise pour ma guide
uec le chant inconnu
e mon Luc, ie suis uenu
u le flanc de Loire ride

Baignant les champs plantureus
De tes ancestres heureus,
Puis sautelant me ramaine
De ton Aniou, iusque au Maine
(De mon Vandomois uoisins)
Affin que ie decore
Et Guilaume, & Ian encore,
L'ornement de tes cousins.
STRO. 3.
Lesquels ont suporté souuent,
La fureur de l'horrible uent
Armé d'orage dépiteus
Souflant la France en tens douteus:
Bien que matin le iour s'éueille
Pour uoir tout, il ne uit iamais
Et si ne uoira desormais
De freres la couple pareille,
Aus quels les François doiuent tant
De lauriers qu'ils uont meritant,
Ou soit pour amoindrir l'audace
De l'Espaignol s'il nous menace,
Ou soit pour deglacer les cueurs
Par le foudre de leur faconde,
Des Anglois separés du monde,
Ou des Alemans beliqueurs.

ANTI.

ANTISTRO.

Comme s'iurant de leur parler
(Dont le Nectar sembloit couler)
Séante en eus s'emerueilla,
Puis à l'un d'eus elle bailla
Le saint honneur de sus la teste,
Flamboiant autour de son front
Ainsi que les deus Iumeaus font
Quand ils sereinent la tempeste.
A l'autre nostre Roi donna
L'or, qui son col enuironna
Auecques la puissance d'estre
Du Piemont gouuerneur & maistre,
Balançant d'equitable pois
Son auis & sa uigillance,
Ensemble l'effort de sa lance
Iointe' auecque' une belle uois.

EPO.

Nul terme de nostre uie
Par nous ne se iuge pas,
Ignorans le iour qu'en bas
Elle doit estre rauie,
Desus l'esté de ses ans
Rongé de soucis cuisans
Ton grand langé laissa l'ame,
Enterrant sous mesme lame

ODES

L'honneur ensemble abatu,
Ne laissant rien de ualable
Sinon un frere semblable
Au portrait de sa uertu.

STROPH. 4.

Sache que le sang de ceus-ci
Et leur race, est la tienne aussi.
Mais repren l'arc, Muse, il est tens
Guigner au blanc ou tu pretens:
Puis que sa louange foisonne
En cent uertus propres à lui,
A quoi par les honneurs d'autrui
Rempli-ie ce que ie lui donne?
Sa gloire sufit pour borner
Les uers qui le ueulent orner.
O bons dieus on ne sçauroit faire
Que la uertu se puisse taire
Bien qu'on brule de l'obscurcir,
Maugré l'enuie el' se rend forte,
Et sur le front la lampe porte
Qui seule la peut eclarcir.

ANTISTRO.

Les tiennes ont tant de ualeur
Qu'encores s'on cachoit la leur,
Sous le silence elle croistroit
Et plus sa flamme apparoistroit:

Car tout ainsi que la mer passe
L'honneur d'un chaq'un élémēt,
Et le souleil semblablement
Les moindres feus du ciel éface,
Ainsi apparoissent les traits
Dont tu émailles les portraits
De la riche peinture tienne
Tant semblable au uif de la mienne,
Montrāt par ton cōmencement,
Que mesme fureur nous afolle,
Tous deus disciples d'une écolle
Ou l'on forcene doucement.

EPO.

Par une cheute subite
Encor ie n'ai fait nommer
Du nom de Ronsard la mer
Bien que Pindare i'imite:
Horace harpeur latin
Etant fils d'un libertin
Basse & lente auoit l'audace,
Non pas moi de franche race
Dont la Grace enfle les sons,
Auec plus horrible aleine,
Affin que Phebus rameine
Par moi ses uieilles chansons.

c iiij

ODES

STRO. 5.

Lequel, m'encharge de chanter
Mon Iouachim pour le uanter
Entre ceus-la qui ont gouté
De la fureur de sa bonté:
Obeissant à la uois sainte
Mon trait par le ciel galopant
L'air angeuin n'ira coupant
Sans que sa gloire en soit atainte:
Bruiant l'homme estre bien heureus,
Sur le quel le miel doucereus
Qui partout tumbe de ton stile
Heureusement coule & distile.
Que dirai plus! le ciel t'a fait
(Te fortunant de main non chiche
Ieune, disposts, sçauant, & riche,)
Desus son moule plus parfait.

ANTISTRO.

Ma main ne pourroit se lasser
De faire mon bateau passer
Parmi les mers de la uertu
Dont tu es couuert & uetu:
Si ie n'eusse auisé l'orage
Des mesdisans impetueus,
Qui encontre les uertueus
Degorgent uoluntiers leur rage,

Laquelle

Laquelle par l'air s'épandant
Comme un tonnerre, ce pendant
De son murmure m'amonneste
De tromper l'horrible tempeste
Aboiante tant seulement
Les nourriçons des neuf Pucelles,
Qui se sont mis aus dos des ailes
Pour uoler eternellement.

EPO.

Mais ô uous freres d'Heleine
Les Amycleans flambeaus,
Apparoissez clairs & beaus,
Sur le bateau que ie meine,
Ancrez la nauire au port,
Et uous aiant pour suport
Mettez fin au nauigage,
Et au malheureus langage
De la reprehension,
Laquelle en uain se trauaille
De me mordre, affin qu'elle aille
Ou est la perdition.

A BOVIV ANGEVIN.

ODE. 10. STRO. 1.

Le potier hait le potier,

ODES

Le feuure, le charpentier,
Le Poëte tout ainsi
Hait celui qui l'est aussi,
(Comme dit la uois sucrée
Du bon citoien d'Ascrée)
Mais tu as par ta uertu
Ce uiel prouerbe abatu,
Ventant mon petit merite
Deuant les toutuoians yeus
De la sage MARGVERITE
Le rare present des cieus.
ANTISTRO.
Phebus rauist les neuf seurs,
Puis leurs piquantes douceurs
Rauissent les beaus espris
Qui d'elles se sont épris:
Mais mon ame n'est rauie
Que d'une brulante enuie
D'oser un labeur tenter
Pour mon grand Roi contenter,
Afin que le miel de l'œuure
Son oreille oigne si bien,
Que facile ie la treuue
L'importunant pour mon bien.
EPO.
Celui qui d'un rét pourchasse

Les poiſſons, ou cetui-la
Qui par les montaignes chaſſe
Les beſtes de ça & la :
C'eſt affin qu'un peu de proie
La fortune lui otroie :
Mais l'homme plein de bon heur
Qui ſuit comme toi les Princes,
Et les grands Dieus des Prouinces,
C'eſt pour ſe combler d'honneur.

STRO. 2.

Laiſſant au peuple ignorant
Vn brazier le deuorant
Béant apres la uertu
Dont le ſage eſt reuetu.
Les uns en ceci excedent
Les autres cela poſſedent,
Mais les Rois portent ſur eus
Le ſommét des biens heureus.
Au Poëte qui s'amuſe
Comme toi de les hauſſer,
Caliope ne refuſe
De le uouloir exaucer.

ANTISTRO.

Quand Phebus paroiſt aus cieus
Les ombres fuient ſes yeus :
Ainſi ou ta muſe luit

ODES

La sourde'ignorance fuit,
Rendant les bouches muétes
De nos malheureus poëtes
Qui souloient cōme pourceaus
Souiller le clair des russeaus:
Car les uers que i'ai ueu naistre
Si heureusement de toi,
Te rendent digne pour estre
Prisé de la seur d'un Roi.

EPO.

Ta fameuse renommée
Qui doit uoir tout l'uniuers
Crie, pour estre nommée
Par la trompe de mes uers,
Et le ferai, car ta gloire
S'altere de la memoire,
Puis les Dieus conte ne font
De nul papier s'il ne porte
A la Dorienne sorte
Ton beau nom desus le front.

A IAN D'ORAT.

ODE II. STRO. 1.

Le medecin de la peine

C'est

LIVRE .I.

C'est le plaisir qui améine
Vn repos aueque lui,
Et les Odes qui nous flatent
Par leurs douceurs qui abatent
La memoire de l'ennui:
Le bain ne soulage pas
Si bien les cors qui sont las
Comme la louange douce
Nous soulage, que du pouce
A la lire nous ioignons,
Par qui les plaies de l'ame
(Lors qu'un déplaisir l'entame)
Heureusement nous oignons.

ANTISTRO.

Certes ma chanson sucrée
Qui les grands Princes recrée
Te pourra bien derider,
Apres ta peine publique
Ou ta faconde s'aplique
Pour la ieunesse guider.
Le haut bruit de ton sçauoir
Euidemment nous fait ueoir
Que tu brises l'ignorance
Renommé parmi la France
Ainsi qu'un oracle uieus
Pour denouer aus plus sages

ODES

Les plus ennoués passages
Des liures laborieus.

EPO.

Tant d'ames ne courent pas
Apres Alcée la bas,
Alors qu'horrible il acorde
Les guerres desus sa chorde:
Comme ta douce merueille
Emmoncelle par milliers
Vn grand peuple d'écoliers
Que tu tires par l'oreille.

A ANTHOINE DE BAIF.

ODE. 12. STRO. 1.

I'ai tousious celé les fautes
Dont mes amis sont tachés,
I'ai tousiours teu leurs pechés,
Mais non pas leurs uertus hautes:
Car moi qui suis le sonneur
Et le courier des louanges,
Ie ne porte aus gens étranges
Sinon la gloire & l'honneur,
Que le ciel large donneur
Aiant quelque soin de toi
T'a departi comme à moi:

Versant

LIVRE I.

Versant sur ta langue sage
Un saint tresor de beaus vers,
Afin que son dous message
S'épande par l'univers.

ANTISTRO.

Maint chemin nous peut atraire
Pour venir à la vertu,
D'un bien un tel est vêtu,
L'autre d'un autre au contraire.
Premier i'ai dit la façon
D'acorder le luc aus Odes,
Et premier tu t'acommodes
A la tragique chanson,
Epouantant d'un grand son
Et de stile tel qu'il faut
Nostre François échaufaut:
Des grands Princes miserables
Trainant en long les regrés
Par tonnerres exécrables
Bruians és tragiques Grés.

EPO.

D'esprit, & d'art, uoulontiers
Tretous differans nous sommes,
Ne deus ne quatre mestiers
Ne nourrissent pas les hommes:
Mais quiconque a le sçavoir

Celui doit l'honneur auoir:
O BAIF la plume pronte
Vouloir monter iusq' aus dieus,
D'un uol qui le ciel surmonte
Trompe l'enfer odieus.

A IAN MARTIN.

ODE 13   STRO. 1.

La fable elabourée
Decrite heureusement
Par la plume dorée
Nous trompe doucement:
A l'un donnant la gloire
Qu'il n'a pas merité,
Faisant par le faus croire
Q'on uoit la uerité.
Car tout ce que la muse
Lirique ne refuse
D'emmiéler par nous,
Cela flate l'oreille
Qui toute s'emerueille
De le boire si dous.
ANTISTRO.
Il ne faut que i'honore

Ton

LIVRE I.

Ton renom, ô MARTIN,
De fables prises ore
Du Grec, or du Latin:
Ta vertu treluisante
Comme les feus des Dieus,
Me sera sufisante
Pour te loger aus cieus.
Quelle terre elongnée,
Quelle riue baignée
De l'une & l'autre mer,
Quelle isle decouuerte
Ne tient la gorge ouuerte
Ardante à te nommer?

EPO.

Vous gouuernés les Rois
Poëtes de la court,
Et si de uoſtre uois
La memoire ne court,
Si ta grand main desire
De repandre le bien
C'eſt a cetui-ci, Sire,
Qui le merite bien.

ASTROPH. 2.

Certes l'experience
N'eſt utile, sinon
Pour sonder la science

ODES

Si ell'est fause ou non.
Le siecle qui doit estre
Ne taira ton bon heur,
Et comme tu fis naistre
A la France un honneur:
Toi, & dont la musette
Et dont la uois doucette
Chanta bien haut aussi,
Les beaus pasteurs qu'encore
Naples autant honore
Comme on t'honore ici.

ANTISTRO.

Par toi, le peuple étrange
A peu gouster combien
La France a de louange
Faite heureuse en ton bien:
Par toi reuient l'usage
Des outils & compas,
Que mesme le uiel age
Des Rommains ne sçeut pas.
Le maçon par ta peine
Son ouurage demeine,
Et sous toi fait sçauant
Iusques au ciel egualle
Mainte maison roialle
Ton liure allant deuant.

EPO.

LIVRE 1.
EPO.

L'euure est de l'inuenteur,
Et celui qui aprend
Est tenu pour menteur
Si grace ne lui rend:
La plume bien aprise
Dresse son uol aus cieus;
Et sa belle entreprise
Ne peut ceder aus lieus.

A IAN DORAT.

ODE 14.

Puissai-je entonner un uers
Qui raconte à l'uniuers
Ton los porté sus son aile,
Et combien ie fu heureus
Suçer le laict sauoureus
De ta feconde mammelle.

Sur ma langue doucement
Tu mis au commencement,
Ie ne sçai quelles merueilles,
Que uulgaires ie randi,
Et premier les épandi

ODES

Dans les Françoises oreilles.

Si en mes uers tu ne uois
Sinon le miel de ma uois
Versé pour ton los repaiſtre:
Qui m'en oſeroit blámer?
Le diſciple doit aimer
Venter & louer ſon maiſtre.

Nul ne peut montrer dauant
Qu'il ſoit expert & ſçauant,
Et l'ignorance n'enſeigne
Comme on ſe doit couronner
Et le chef enuironner
D'une uerdoiante enſeigne.

Si i'ai du bruit il n'eſt mien,
Ie le confeſſe eſtre tien
Dont la ſcience hautaine
Tout alteré me treuua,
Et bien ieune m'abreuua
De l'une & l'autre fontaine.

De ſa Mere l'apprentif
Peut de ſon luc deceptif
Tromper les bandes rurales,

Puiſſe

Puisse auenir que ma uois
Atiré & flate, des Rois
Les grandes mains liberales.

L'honneur nourrist le sçauoir:
Quand l'oeil d'un Prince ueult uoir
Le Ministre de la Muse,
Phebus lui fait ses leçons,
Phebus aime ses chansons,
Et son luc ne lui refuse.

On ne se trauaille point
Aiant un Disciple époint
A uertu des sa naissance,
En peu de iours il est fait
D'apprentif maistre parfait,
I'en donne assés connoissance.

A BERTRAN BERGER
de Poitiers.

ODE 15.

La mercerie que ie porte
Bertran, est bien d'une autre sorte
Que celle que l'usurier uand
Dedans ses boutiques auares,

d iij

ODES

Ou les marchandises barbares
Qui enflent l'orgueil du Leuant.

Ma douce nauire immortelle
Ne se charge de drogue telle,
Et telle de moi tu n'attens,
Ou si tu l'attens tu t'abuses:
Ie suis le trafiqueur des Muses
Et de leurs biens maistres du tens.

Leur marchandise ne s'étalle
En foire en marché, ni en halle:
Aussi la uendre il n'est permis,
Pour l'argent ell' ne s'abandonne,
D'une main large ie la donne
A qui me plaist de mes amis.

Si i'ai iamais des mon enfance
Abreuué de mes uers la France
Repandant leur sucre tant dous,
Ores plus douce il te faut estre
Chanson, qui dois seruir un maistre
Que ie prise par dessus tous.

Celui qui dit que ie me uante,
Ou que cest hinne que ie chante

(Moi

(Moi né pres des riues du Loir)
Soit mortel, bien que ie l'acorde
Aus fredons de la uiue corde,
Il n'est pas dinne de l'auoir.

L'audacieuse encre d'Alçée
Par les ans n'est point efacée,
Et uiuent encores les sons,
Que l'amante bailloit en garde
A sa Tortue babillarde
L'animant de belles chansons.

Mon grand Pindare uit encore,
Et Simonide, & Stesicore,
Si-non en uers, aumoins par nom,
Et de cela que sus sa lire
Anacreon à uoulu dire
Le tens n'efface le renom.

N'as-tu oui parler d'Aenée,
d'Achille, Aiax, Idomenée,
A moi semblables artisans
Ont immortalisé leur gloire,
Dessus les piliers de memoire
Maugré la carriere des ans.

d iiij

ODES

Heleine seule etant gaignée
D'une perruque bien peignée,
D'un port roial, d'un uestement
Brodé d'or, ou d'une suite
N'a pas eu la poitrine cuite
Par un amour premierement.

Hector le premier des Gendarmes,
Ou Teucre, n'a uetu les armes
Dardant ses homicides trés,
Non une fois Troie fut prise,
Maint Prince a fait mainte entreprise
Dauant le camp des deus Rois Grés.

Mais leur clarté n'est point connue,
Et une obliuieuse nue
Les tient sous un silence etrains
Engloutie est leur uertu haute
Sans Renom, pour auoir eu faute
Du secours des Poëtes sains.

Mais la mort ne uient impunie
Si elle atteint l'ame munie
Du chant que Ronsard à chanté,
Qui de dueil se ronge & tormente,
Quant l'homme aus enfers se lamente
      Dequoi

De quoi son nom n'est point uanté.

Le tien le sera, car ma plume
Aime uoluntiers la coutume
De louer les bons comme toi,
Qui preuois l'un & l'autre terme
Des deus saisons, cōstant & ferme
Encontre leur legere foi.

Plein de uertu, pur de tout uice,
Non brulant apres l'auarice
Qui tout atire dans son poin,
Chenu de meurs, ieune de force,
A mi d'epreuue qui s'efforce
Secourir les siens au besoin.

Celui qui sur la teste sienne
Voit l'epée Sicilienne,
Des douces tables l'appareil
N'irrite sa fain, ni la noise
Du roßignol qui se degoise
Ne lui rameine le sommeil.

Mais bien celui qui se contente
Comme toi, la mer il ne tente
Et pour rien tremblant n'a été,

ODES

Soit que le blé fauçe promesse,
Ou que sa uendange se laisse
Griller aus torches de l'esté.

Le long murmure du tonnerre,
Ne les nouuelles de la guerre,
N'ont fait chanceler sa uertu:
Non pas d'un Roi la fiere face,
Ne des Pirates la menace
Ne l'a émeu ni abatu.

Taisez uous ma Lire mignarde,
Taisez uous ma Lire iazarde,
Un si haut chant n'est pas pour uous,
Retournez louer ma Cassandre
Et desus uostre corde tandre
Animez un fredon plus dous.

A IOACHIM DV BELLAI
Angeuin.

ODE. 16.

Celui qui ne uous honore
Comme profettes des dieus,
Plein d'un orgueil odieus

LIVRE I.

Les dieus il meprise encore,
Et le ciel qui nous decore
De son tresor le plus beau,
Nous mariant au troupeau
Que le saint Parnase adore.

Vne ardante ialousie
De leurs presens les plus dous,
Se laissant glisser dans nous
Chatouille la poësie,
Qui darde la fantasie
De leurs prestres agités,
Iusque au sein des deités
Dont l'amour les ressasie.

De-la, reuolans au monde
Comblés de segrés diuers,
Ils chantent par l'uniuers
D'une uois ou dieu abonde,
Et l'ardeur de leur faconde
Sert d'oracles, & sont faits
Les ministres plus parfaits
De la deité parfonde.

Vn Daimon les acompaigne
Sur tretous le mieus instruit,

Lequel

ODES

Lequel en songes la nuit
Sans nul trauail les enseigne,
Et demidieu ne dedaigne
De les aller informant,
Affin que l'homme en dormant
Toutes sciences appreigne.

Ils connoissent la peinture
De nostre mere, & cela
Qu'el' uarie çà & la
En chaq'une creature,
Ores par leur ecriture
Ils sont pescheurs, laboureurs,
Maçons, soudars, empereurs,
Vrais peintres de la nature.

Celui à qui le ciel donne
Vn tel present, il peut bien
Dire à tous qu'il a le bien
Qu'a peu d'hommes il ordonne,
Et la langue qui doussonne
Pour honorer son chanter,
Brauement se peut uanter
Qu'elle est des dieus la mignonne.

En chaque art iadis maint homme
       Admirable

Admirable s'est trouué,
Et admirable aprouué,
Par l'age qui tout consomme:
Quand aus poëtes on nomme
Vn Homere seulement,
Homere eternellement
Sur les autres se renomme.

Ce nous est experience
Que dieu n'est pas liberal
A chaq'un en general
D'une si belle science,
Qui commença l'alience
De corps, & dame entre nous,
Et qui en toi par sus tous
A mis sa seure fience.

AVANTVENVE DV
Printens.

ODE. 17.

Toreau, qui desus ta crope
Enleuas la belle Europe
Parmi les uoies de l'eau,
Hurte du grand ciel la borne,

ODES

Poussant du bout de ta corne
Les portes de l'an nouueau.

Et toi vieillard qui enserre
Sous ta clef ce que la terre
Produist generalement:
Ouure l'huis à la nature,
Pour orner de sa peinture
Les champs liberalement.

Vous nimphes des eaus qui estes
Ores prises & subiétes,
Leuez un beau chef dehors:
Et debridant uostre course
Bien loin depuis uostre source
Frapez librement uos bords.

Affin que la saison uerte
Se manifeste couuerte
D'un tapis merqué de fleurs:
Et de la terre la face
Plus ieune & gaie se face
Fardant son teint de couleurs.

Apparoissant' glorieuse
Pour se uoir uictorieuse

De

LIVRE I.

De l'iuer malitieus,
Qui l'auoit tant offancée
De mainte grele elancée
Par un uent audatieus.

Ores en uain il s'efforce,
Car il uoit deſia ſa force
Lentement ſe conſumer,
Sentant le iour qui s'alonge,
Et ia plus tardif ſe plonge
Dans le giron de la mer.

Ia le beau printens ariue,
Et ia l'herbe de la riue
Souſleue un petit ſon chef,
Et me priſant la froidure
Etalle aus cieus ſa uerdure
Pour i fleurir de rechef.

Ia le ciel d'amour s'enflame,
Et dans le ſein de ſa fame
Ja ſe rue en s'elançant,
Et mellant ſa force en elle,
De ſa rouſée eternelle
Va ſon uentre enſemanſſant.

Elle qui est en gesine,
Sentant son heure uoisine
Et les plaisirs d'enfanter,
Lache en bas mile richesses,
Mile honneurs, mile largesses
Pour son mari contanter.

Amour, qui nature eueille,
Amenant pres de l'oreille
La coche des trais ardans,
Les pousse de telle sorte
Que la poitrine est bien forte
S'ils ne se fichent dedans.

Adonc la gent emplumée,
Et la uagabonde armée,
Contrainte du dart uainqueur,
Ni dans l'eau, ni par les nues,
N'etaint les flammes uenues
Bruler le fort de leur cueur.

La charette uagabonde,
Qui court sur le dos de l'onde,
Oisiue au port parauant,
Lachant aus uoiles les brides
Va par les pleines humides

LIVRE 1.

De l'Occident au Leuant.

Nos souldars chargent la pique
Et tant la gloire les pique
Qu'auant le tens atendu,
Indontés de nule peine,
Ils ont desia par la pleine
Leur camp par tout épandu.

Du printens la saison belle
Quand la terre etoit nouuelle
L'an paisible conduisoit
Et du souleil qui eclaire
La lampe flambante & claire
Tiede par tout reluisoit.

Mais la main des dieus ialose,
N'endura que telle chose
Suiuist son train coutumier,
Et changeant le premier uiure
Fist une saison de cuiure
En lieu du bel or premier.

Lors le printens donna place
Au chaut, au uent, à la glace,
Qui renaissent à leur tour.

e

ODES

Et le haut sapin des montaignes
Galopa par les campaignes
Qui nous baignent alentour.

On ouit sonner les armes,
On ouit par les alarmes
L'acier tinter durement,
Et les lames asserées,
Sur les enclumes férrées
Craqueter horriblement.

On inuenta les usages
D'empoisonner les bruuages
Et l'art d'épandre le sang:
Les maus du cofre sortirent,
Et les haus rochers sentirent
La foudre desus leur flanc.

VEV A PHEBVS APOLLON POVR
guarir la Valentine du Conte d'Alsinois.

ODE. 18.

O Pere, ô Phebus Cynthien,
O saint Apollon Pythien,
Seigneur de Déle la diuine,

Cyrénean

Cyrénean, Patarean,
Par qui le Trepié Thymbrean
Deſſous la Cuſtode deuine.

Ou ſoit que Clare, ou que tes ſeurs
Te detiennent de leur douceurs,
Ou ſoit que tu laues en l'onde
D'Eurote clerement roulant
Le creſpe honneur du poil coulant
Par flocons de ta teſte blonde:

Enten ô Prince mon ſouci
Et uien pour ſoulager ici
Celle qui ne m'eſt moins cruelle
Que la fieure qui ua mordant
D'un accés, & froid, & ardant
La ſainte humeur de ſa mouelle.

Et quoi ſeigneur, n'épandras-tu
Le plus diuin de ta uertu!
Veus tu pas ſon medecin eſtre?
Si feras, ou ie fu deceu
Aiant l'autre iour apperceu
Ton Cigne uoller à ſeneſtre.

Ta main ſeulle eternellement

e ij

ODES

Commande generalement
A toute herbe, soit de campaigne
Soit de mons, & à celles-la
Que l'Ocean & ça & la
De ses deus flots arrouse & baigne.

Par toi Esculape pilla
Les Enfers, lors qu'il reueilla
Le corps essiré d'Hippolyte,
Et fraudant leur Prince inhumain,
Il arracha hors de sa main
Le tribut que sa loi merite.

Par toi le dous enchantement
Sçait déplumer subitement
L'ame qui ia desia s'enuolle,
Par toi le medecin expert
T'aiant inuoqué, ront & perd
Le mal qui nostre vie affolle.

Helas seigneur écoute moi,
Vien, & apporte auecque toi
Le Moly, & la Panacée,
Et l'herbe que Medee auoit
Quant reuerdir elle deuoit
D'Eson la ieunesse passée.

Et

LIVRE I.   35

celle qui boutonne aussi
le plus haut du froid sourci
Caucase, estant enfantée
pómon tousiours s'allongeât,
ue l'aigle éternel ua rongeant,
uel bourreau de Promethée.

t l'herbe laquelle changea
lance si tost qu'il la mengea
e faisant immortel d'un homme,
ui par la mer entre les dieus
e craint que le tens odieus
a fuitte de ses ans consomme.

rise les du bout de ton arc
uis d'elles pressurant le marc
ai un breuuage, & le lui baille,
u bien les applique à ses braz
t lors, ô Pean, tu rompras
e mal qui deus ames trauaille.

esia son beau coural s'éteint,
Et ia la rose de son teint
Deuient en son uermeil fletrie,
Et l'oeil larron ou m'aguettoit
La sainte idole qui étoit

e iij

ODES

L'obiect de mon Idolatrie.

Las tu peus en la guarissant
Me soulager moi perissant
Au feu qui sa fieure resemble,
Ainsi ratifiant mes ueus
De mesme cure si tu ueus
Tu en guariras deus ensemble.

Lors un temple i'edifirai,
Ou ton image ie ferai
De longues tresses honorée,
Sur son dos pendant l'arc Turquois,
La Lire seur de son Carquois
Et au flanc l'écharpe dorée.

A PIERRE PASCHAL.

ODE. 19.

Ne seroi-ie pas encore
Plus dur q'un Scythe cruel,
Ou le flot continuel
Qui ronge le sablon More,

Si ie n'emplumoi la gloire

De toi mon Paschal, affin
Qu'elle voltige sans fin
Dans le temple de Memoire.

La cheine qui entrelasse
Ton esprit auec le mien,
Et mon nom semblable au tien
Commande que ie le face.

Ce m'est une sainte peine
Chanter l'homme en qui les cieus
Ont renuersé tout le mieus
De leur influence pleine,

Quant sa clarté merueilleuse
Maugré l'obscur se fait uoir
Par les raions du sçauoir
De sa langue mielleuse.

Certes telle gloire douce
Crie qu'elle est seule à toi,
Obeissant à la loi
De la corde & de mon pouce.

N euoi-tu comme elle uolle
G uindée en l'air sus mes uers

ODES

Soufflés oultre l'uniuers
Par le uent de ma parolle?

Ia ton Languedoc se uante
D'honnorer son nourrisson,
Fait immortel par le son
Du Vandomois qui le chante.

Vraiment mes uers manifestes
Diront que tu fus ami
De moi, t'eleuant parmi
L'honneur des troupes celestes.

La carriere du tens use
Les palais laborieus,
Non les trais uictorieus
Venans de l'arc de ma muse.

A SA LIRE.

ODE. 20.

Lire dorée, ou Phebus seulement,
Et les neuf seurs ont part egalement,
Le seul confort qui mes tristesses tue,
Que la danc'oit, & toute s'euertue

De

LIVRE I.   37

De t'obeir, & mesurer ses pas
Sous tes fredons mignardés par compas,
Lors qu'en bruiant tu merques la cadanse
D'un auantieu, le guide de la danse.

Le feu armé de Iupiter s'eteint
Sous ta chanson, si ta chanson l'atteint :
Et au caquet de tes cordes bien iointes
Son aigle dort sur sa foudre à trois pointes
Abaissant l'aile, adonc tu uas charmant
Ses yeus agus, & lui en les fermant
Son dos herisse, & ses plumes repousse
Flaté du son de ta parole douce.

Celui n'est pas le bien aimé des Dieus
A qui deplaist ton chant melodieus
Heureuse lire honneur de mon enfance,
Ie te sonnai deuant tous en la France
De peu à peu, car quant premierement
Ie te trouuai lors, tu sonois durement,
Tu n'auois point de cordes qui ualussent,
Ne qui répondre aus lois de mon doi pussent.

Moi si du tens ton fust ne sonnoit point,
Mais i'eu pitié de te uoir mal empoint,
Toi qui iadis des grans Rois les uiandes

Faisois trouuer plus douces & friandes:
Pour te monter de cordes, & d'un fust,
Voire d'un son qui naturel te fust,
Ie pillai Thebe', & saccagai la Pouille,
T'enrichissant de leur belle depouille.

Adonc en France auec toi ie chantai,
Et ieune d'ans sus le Loir inuantai
De marier aus cordes les uictoires,
Et des grans Rois les honneurs & les gloires:
Puis affectant un euure plus diuin
Ie t'enuoiai sous le pousse Angeuin,
Qui depuis moi t'a si bien fredonnée
Qu'a nous deus seuls la gloire en soit donnée.

Certenement celui que tes chansons
Vont repaissant du sucre de leurs sons,
Ne sera point haut estimé pour estre
Ou à l'escrime, ou à la lutte adestre,
Ni de Lorier couronné ne sera,
Car de sa main l'effort n'abaissera
L'orgueil des Rois, ni la fureur des Princes,
Portant uainqueur le feu dans leurs Prouinces.

Mais ma Gastine, & le haut crin des bois
Qui uont bornant mon fleuue Vandomois,

Le

LIVRE I. 38

Le Dieu bouquin qui la Neufaune entourne,
Et le saint Cœur qui en Braie seiourne,
Le feront tel, que par tout l'uniuers
Il se uerra renommé de ses uers,
Tant il aura de graces en son pousse,
Et de fredons tentant sa chorde douce.

Desia ma lire, un honneur tu reçois,
Et ia desia la race des François
Me ueut nombrer entre ceus qu'elle loue,
Et pour son chantre heureusement m'auoue.
O Muse douce, ô Cleon, ô les Seurs
Qui animés de mon luc les douceurs
Ie uous salue, & resalue encore,
Et toi mon Luc, par lequel i'e m'honnore.

Par toi ie plai, & par toi ie suis leu,
C'est toi qui fais que Ronsard soit éleu
Harpeur François, & quant on le rencontre
Qu'auec le doi par la rue on le montre:
Si ie plai donc, si ie sçai contanter,
Si mon renom la France ueut chanter,
Si de mon front les étoilles ie passe,
Certes mon Luc cela uient de ta grace.

Fin du premier liure.

SECOND LIVRE DES ODES
de Pierre de Ronsard Vandomois.

AV ROI.

ODE 1.

Ie te ueil bâtir une ode,
La maçonnant à la mode
De tes palais honnorés,
Qui uoulontiers ont l'entrée
De grands marbres acoutrée
Et de haus piliers dorés.

Affin que le frond de l'euure
Tout le bâtiment dequeuure
Estant richement uétu :
Ainsi (PRINCE) ie ueil mettre
Au premier trait de mon mettre
Ta louange & ta uertu.

Sur deus termes de memoire
I'engraverai ta victoire,
Ton los, & l'Anglois défait,
Et cela que par ta lance
Deuant les yeus de la France

LIVRE I.

...n heureuse a parfaict.

... ton ieune courage
... ia contre la rage
... l'Espaignol dépité,
... nt d'elancer sa foudre
... bruler et mettre en poudre
Ta merueilleuse cité.

Le conseil, & la uaillance,
Par une eguale balance
... trauaillent à l'entour
Des affaires, qui sont pleines
de peris & de peines,
un apres l'autre à leur tour.

... e que la faueur celeste
Par toi nous rend manifeste
E niuré de son bon heur,
Qui redonnes à ta terre
Tout cela que l'Angleterre
Usurpoit de son honneur.

A laquelle ta main forte
A fait uoir en mainte sorte
L'impuissance d'euiter

ODES

Les effors de ton armée,
Et ta colere enflammée
A qui la uient irriter.

La Muse un dous trait me garde,
Et ueut que par lui ie darde
L'honneur que ia tu reçois,
Le poussant de ma main destre,
A ruer autant adestre
Que nul autre des François.

Par les campaignes étranges
Ie cornerai tes louanges,
Lors que ton bras belliqueur
Aura foudroié le monde,
Et que Tethys de son onde
Te confessera uainqueur.

Et lors que ta main non chiche
M'aura fait heureus & riche
Large à donner le promis,
Me fortunant de sa grace:
Pour le tens qui glisse & passe
En oubli tu ne m'as mis.

La nature liberale
     Emprainte

Empraint̨e en l'ame roiale
Ne ua iamais defaillant,
Le lion quoi qu'on lui face
Iamais ne change l'audace
De son courage uaillant.

Oì ma muse qui te chante,
Et pleine d'ardeur se uante
De ne sonner iamais Roi
Qui en bonté te resemble,
Ne Prince qui soit ensemble
Si preus & sçauant que toi.

Oi-la comme elle s'efforce
D'enhorter par douce force,
Que tout cela qu'ont écrit
Les oracles poetiques,
Honorant les Rois antiques
Sont propres à ton esprit.

Sus France pren ta buccine,
Et brui hautement cest hinne,
Di que le ciel t'a donné
Vn Roi dispost à combatre,
Et pront par les lois d'abatre
Le peché desordonné.

ODES

Et toi ma Françoise lire,
Mieus que deuant faut elire
Vn uers pour te marier,
Affin que tu faces croire
Que ueritable est la gloire
Qu'on ta uoulu dedier.

Tu reiouis nostre Prince,
Tu contantes sa prouince,
Et mile furent épris
De contrefaire ta grace,
Et suiuans ta mesme trace
De courre apres se sont pris.

Mais ô Phebus autorise
Son chant, & le fauorise
Qui ose entonner le los
De ce grand ROI qui t'honore,
Et ses beaus blasons decore
De l'arc qui charge ton dos.

Et fai sinne à sa hautesse
D'oeillader ma petitesse,
Qui uient des riues du Loir
Criant sa force & iustice,
Affin que l'age qui glisse

LIVRE II.

…les mette à nonchaloir.

…qui publira la gloire
…sa future victoire
…lle auient, car en tout lieu
…la chose non tissue,
…heureuse fin, & l'issue
…cache en la main de Dieu.

A CALIOPE

ODE 2.

…ssen du ciel, Caliope, & repousse
…us les ennuis de ce tien nourrisson,
…t de ton luc, ou soit de ta uois douce,
…par le miel qui coule en ta chanson.

    Par toi ie respire,
    C'est toi qui ma lire
    Guides & conduis:
    C'est toi ma princesse,
    Qui me fais sans cesse,
    Fol comme ie suis.

…tenement auant que né ie fusse

f

ODES

Pour te chanter tu m'auois ordonné:
Le ciel uoulut que cette gloire i'usse,
D'estre ton chantre auant que d'estre né.

    La bouche m'agrée,
    Que ta uois succrée
    De son miel à peu:
    Laquelle en Parnase
    De l'eau de Pegase
    Gloutement a beu.

Heureus celui que ta folie amuse,
Ta douce erreur ne le peut faire errer,
Voire & si doit t'aiant pour guide, ô muse,
Hors du tumbeau tout uif se deterrer.

    Ton bien sans dessertes
    Tu m'as donné certes,
    Qui n'eu iamais soin
    D'apprendre la lettre,
    Toutesfois mon mettre
    S'entend d'asses loin.

Dieu est en nous, & par nous fait miracles,
Si que les uers d'un poëte écriuant,
Ce sont des dieus les secrets & oracles,

LIVRE II.

ue par sa bouche ils poussent en auant.

  Si des mon enfance,
  Le premier de France
  I'ai pindarizé,
  De telle entreprise
  Heureusement prise,
  Ie me uoi prisé.

hacun n'a pas les muses en partage,
e leur fureur tout estomac ne point,
qui le ciel a fait tel auantage
acher son bruit sous l'obscur ne doit point.

  Durable est sa gloire,
  Et de sa memoire
  Volage est le nom,
  Comme uent grand erre
  Par mer & par terre
  Epand son renom.

est toi qui fais que i'aime les fontaines
out éloigné de ce monstre ignorant,
irant mes pas par les roches hautaines
pres les tiens que ie suis adorant.

f ij

ODES

Tu es ma liesse,
Tu es ma Déesse,
Mes souhets parfais:
Si rien ie compose,
Si rien ie dispose,
En moi tu le fais.

Dedans quel antre, en quel desert sauuage
Me guides tu, & quel russeau sacré
A ta grandeur, me sera dous breuuage
Pour mieus chanter ta louange à mon gré?

Nous sçauons bien comme
Roland de sage homme
Deuint fol d'aimer:
Et comme Angelique
Errante impudique,
Repassa la mer.

Nous connoissons Mandricard à ses armes,
Du bon Roger l'histoire ne nous fuit,
Ne le uiellart, qui au son de ses charmes
Le deuoié bâtiment a construit.

Sus de bout ma lire,
Vn chant ie ueil dire

Sus

Sus tes cordes d'or,
La diuine grace
Des beaus uers d'Horace,
Me plaist bien encor.

Mais tout soudain ie changerai mon stile
Pour les uertus de Henri raconter,
Lors cultiuant un terroir si fertile,
Iusques au ciel le fruit pourra monter.

A LA ROINE DE NAVARRE,
sur la mort de Charles de Valois, Duc d'Orleans

ODE 3.

Vien à moi mon luc que i'acorde
Vne ode pour la fredonner,
Dessus la mieus parlante corde
Que Phebus t'ait uoulu donner,
A celle fin de la sonner
Si doucement qu'elle contante,
Et son chant puisse detourner
L'ennui compagnon de la Tante.

Doncques, ô Chimaire inconstante,
Tu as dessous les ombres mis,

ODES

L'assurance de nostre atante,
Et l'effroi de nos ennemis:
En uain il nous auoit promis
De donter la grandeur du monde,
Et de uoir sous Charles soumis,
Ce que Tethys serre en son onde.

Vne large pluie feconde
Vous Muses puisez de uos yeus,
Lamentez la coulonne ronde
Ou s'apuioit tout uostre mieus,
Pour ta uertu dessus les cieus
O fils de François tu reposes,
Et ce bas monde uicieus
Du ciel tu regis & composes,

Et nonuelles lois lui imposes
Nouueau citoien de la haut,
Entre les immortelles choses
Et pres du bien qui point ne faut.
Des roiaumes plus ne te chaut.
Dont tu as fait ici le preuue,
Car rien de ce monde ne uaut
Vn trait du Nectar qui t'abreuue.

Tu as laissé la terre ueuue

LIVRE II.

Du vrai honneur au ciel montant,
Ou ta facile oreille apreuue
Nos ueus qu'elle va écoutant.
Apaise ton cueur lamentant,
Essuie ton oeil ma Princesse,
Pour neant tu vas regrettant
De quoi si tost ton neueu cesse,

Et a pris son heureuse adresse
Vers une autre habitation,
Changeant l'Auril de sa ieunesse
Auecque l'incorruption.
Aus dieus sans intermission
Son corps tu requiers par priere,
Qu'il n'eut à la condition
De voir par deus fois la lumiere.

Quand ton oraison coutumiere
Sonneroit aussi doucement,
Que la harpe tirant premiere
Les bois en ebaissement,
Encore l'ame nulement
N'animeroit sa froide image,
Puisque la Parque durement
Lui a fait rendre son homage.

De Pluton l'auare heritage

f iiij

ODES

Ton neueu n'ira iamais ueoir,
Que le ciel pour son auantaige
Trop soudain a uoulu rauoir.

CONTRE LES AVARICIEVS, ET
ceus qui prochains de la mort batissent.

ODE 4.

Quand tu aurois des Arabes heureus,
Des Indiens les tresors plantureus,
Voire & des Rois d'Assyrie la pompe,
Tu n'es point riche, & ton argent te trompe.

  Ie parle à toi qui erres
  Apres l'or par les terres,
  Puis d'elles t'énnuiant,
  La uoile au mast tu guindes
  Et uoles iusque aus Indes
  La pauureté fuiant.

Le soin meurtrier pourtant ne laisse pas
D'acompaigner tes miserables pas,
Bien que par toi mainte grand' nau chargée
Fande la mer Atlantique, ou Aigée,

       Le soin

Le soin qui te tourmente
Suit le bien qui s'augmente,
Guidant deça, & la
Parmi les eaus ta uie,
Qui plus brule d'enuie
Quand plus de biens ell'a.

Les larges ports de Venise, & d'Anuers,
De tous coustés de tes biens sont couuers,
Cherchés par eau, par uent, & par tempeste
D'ou le soleil hausse & baisse sa teste.

Ces pierres achetées,
Qu'elles me soient gettées
Dedans les eaus encor.
Qu'on remette en sa mine,
Cette Esmeraude fine,
Ce Diamant & l'or.

De peu de bien on uit honnestement,
L'homme qui peut trouuer contentement,
N'a point rompu son sommeil par la creinte
Des blés manteurs, ou de la uigne atteinte.

Ton mal est incurable
Auare miserable,

ODES

Car le soin d'aquerir,
Qui te brule, & enflamme,
Engarde que ton ame
Ne se puisse guarir.

A iuste droit tu es ainsi traité,
Car pour uouloir banir la pauureté,
Tu te banis de ta maison, & changes
Ton dous païs aus regions étranges.

Mais le soin & l'enuie,
Vrais bourreaus de ta uie
Ne t'abandonnent point:
Au dedans ils te nuisent,
Et sur ton cueur aguisent
L'eguillon qui te point.

Et toi uiellart du sepulchre oublieus,
Qui iusque au ciel éleues en maints lieus
Palais de marbre, & presque mort, tu taches
Fandre les rocs que tu bailles par taches.

La terre n'est pas pleine
Seulement de ta peine,
Mais les poissons aussi
Sentent sous tes ouurages

LIVRE II.

Aßis sur les riuages,
Leur seiour retreci.

Bien que pour toi un milier de maçons
Maint gros rocher animent de façons,
Si mouras-tu, & ta maison certaine,
C'est de Pluton la maison palle & uaine.

Donques, auare cesse,
Cesse auare, & delaisse
Tant de biens amasser:
Le battelier qui garde
Le port d'enfer, n'a garde
Pour l'or te repasser.

La, par la loi du iuge audacieux,
Va punissant les Auaricieux,
Et le chetif que douce mort deliure,
Aise à son tour, il laisse la bas uiure.

Si doncq marbre, ne pierre,
Tant soient d'étrange terre,
Voire & l'or uiolent,
N'ont la puissance expresse
D'effacer la detresse
De leur maistre dolent;

ODES

Pourquoi l'Egypte irai-je sacager,
Pourquoi irai-je aus Indes voiager,
Changeant mon aise aus richesses lointaines
De l'Orient, quises à si grand' peines?

A CASSANDRE

ODE 5.

La lune est coutumiere
De naistre tous les mois,
Mais quand nostre lumiere
Est eteinte une fois,
Long tens sans s'eueiller
Nous faudra sommeiller.

D'un baiser humide, ores
Les leures pressez moi,
Donnez-man mile encores,
Amour n'a point de loi,
A sa grand' deité
Conuient l'infinité.

A, vous m'aués maitresse
De la dent entamé,
La langue chanteresse

De

LIVRE II.

De uostre nom aimé:
Quoi? esse-la le pris
Du labeur qu'elle a pris?

Elle qui uos louanges
Mignonnement uantoit,
Et aus peuples étranges
Vos merites chantoit,
Ne faisant l'air sinon
Bruire de uostre nom.

De uos tetins d'iuoire
Reliques d'Orient,
Eternisoit la gloire
Et de uostre oeil rient,
Pour la recompenser
On la uient offenser?

Las de petite chose
Ie me plain durement,
La plaie au cueur enclose
Me cuist bien autrement,
Qu'en traison il receut,
Quand uostre oeil le deceut.

ODES

PROPHETIE DV DIEV D LA
Charante aus mutins de Guienne.

ODE 6.

Quand la tourbe ignorante
S'arma contre son Roi,
Le Dieu de la Charante
Fasché d'un tel derroi,
Aresta son flot coi:
Puis d'une bouche ouuerte
Par la fatale loi,
Lui a predit sa perte.

Ia desia ta desserte
Te suit peuple mutin,
Qui ma riue deserte
Sacages pour butin,
Mais le cruel destin
Qui pour rien ne s'arestes,
Viendra quelque matin
Te foudroier la teste.

Oi, de Mars la tempeste
Horriblement uestu,
Et ton Roi qui apreste

Contre

LIVRE II.

Contre toi sa uertu:
En uain esperes-tu
Tanter son assurance,
Qui dois estre abatu
Par le soudart de France.

Et la riche esperance
De ton uain appareil,
Perira par l'outrance
D'un autre nompareil:
Ton sang fera uermeil
Mon flot ores esclaue,
Et tout le uert aimail
De ces prez que ie laue.

Voici le fort, & braue
Aumale qui te suit,
Et ia son los engraue
Sus ton dos qui s'enfuit,
Prince adroit, & instruit
Aus martiaus uacarmes,
Ou soit lors qu'il destruit
Les troupes des gendarmes,

Ou quand par les alarmes
De sa pique l'effort,

ODES

Fait bien quiter les armes
Au pieton le plus fort.
Ne vois-tu le renfort
Que Bouniuet ameine,
Pront à hâter ta mort
D'une plaie inhumaine?

Comme la nue pleine
D'aspre orage odieus,
Perd du bouuier la peine
Qui prie en uain les dieus,
Le soudart furieus
Qui ia t'encloſt & serre,
Ton chef si glorieus
Perdra d'un grand tonnerre.

Le Conte de Sanſerre,
Et le seigneur d'Iliers,
Te porteront par terre
Indontés cheualiers,
Parmi tant de miliers
Tu dois Iarnac connoiſtre,
Que les Dieus familiers
Ont tant fait apparoiſtre,

Comme l'aiant fait eſtre

De

LIVRE II.

De son haineus uainqueur,
Et de soi mesme maistre
Rompant l'ire du cueur.
Lesquels, toi sans uigueur,
Tu craindras de la sorte,
Qu'un loup craint la rigueur
Du lion qui l'emporte.

A la fin la main forte
Du grand Mommoranci,
Rendra ta gloire morte,
Et ta malice aussi:
Le ciel le ueut ainsi,
Qui ma bouche a contrainte
Prophetiser ceci,
Pour t'auancer la crainte.

DES BAISERS DE
Cassandre

ODE. 7.

Cassandre ne donne pas
Des baisers, mais des apas
Qui uont nourrissant mon ame,
Cela dont les dieus sont souls,

g

ODES

Du nectar, du sucre dous,
De la cannelle, & du bame,

Du tin, du lis, de la rose,
Desus ses leures déclose
Fleurante en toutes saisons:
Et du miel, tel qu'en Hymette,
Ou pres d'Athenes, l'auette
A fait riches ses maisons.

O dieus que i'ai de plaisir,
Quand ie sen mon col saisir
De ses braz en mainte sorte:
Sur moi se laissant courber
Peu à peu la uoi tumber
Dans mon sein à demi morte.

Puis mettant la bouche sienne,
Tout à plat desus la mienne,
Ie la mor, & suis remors,
Deça & dela me darde
Sa languette fretillarde,
Au bors, dedans, & dehors.

D'un baiser bruiant, & long
El me suçe l'ame adonc,

Puis

LIVRE II.

uis en souflant la repousse,
a ressuce encor un coup,
a ressoufle tout à coup
uec son alaine douce.

out ainsi les columbelles,
remoussant un peu les ailes
 leur tour se uont baisant,
pres que l'oiseuse glace,
nuis a quité la place
u printens dous & plaisant.

elàs mais tempere un peu,
es biens dont ie suis repeu,
empere un peu ma liesse:
 serai dieu immortel,
t ie ne ueil estre tel
 tu n'es aussi déesse.

A MACEE

ODE. 8.

a petite nimphe Maçee,
us blanche qu'iuoire taillé,
ue la nege aus monts amassée,

ODES

Ou sur le ionc le laict caillé,
T'on beau teint ressemble les lis,
Auecque les roses, cuillis.

Ton chef de soie, & d'or, dequeuure,
Ou le ciel des graces donneur,
Emploia sa peine, & son euure
Curieus de lui faire honneur:
Dequeuure ton beau front aussi,
Dous instrument de mon souci.

Egalé aus déesses tu marches
Tu as les yeus diuins & beaus,
Ardans dessous deus noires arches
Comme deus celestes flambeaus,
Ou le brandon fut alumé,
Duquel amour m'a consumé.

Certes ce fut ton oeil follatre
Sur moi traitrement écarté,
Ton oeil qu'adore, & idolatre
Le mien captif par sa clarté,
Qui me sceut arracher le cueur,
Et s'en faire maitre, & uainqueur.

Amour, honneur, ioie, & liesses

LIVRE II.

tous costés naissent de toi,
[...]lasse mon col ma déesse,
[...]e moi & rebaise moi,
[...]ein un peu ma flamme adonc,
[...]un dous baiser humide & long.

[...]uoiant des belles la belle,
[...]me suçes l'ame & le sang,
[...]ontre moi ta rose nouuelle,
[...]ten mignarde ton sein blanc,
[...] ce dur tetin rondelet,
[...]ui desia s'enfle sans le laict.

[...]isque le mal qui me tourmente
[...] uois cruelle, de si loin,
[...]t mon grand brasier qui s'augmente
[...] ne ueus éteindre au besoin,
[...] tout le moins li, sur mon front,
[...]ombien de maus tes yeus me font.

A LA FONTAINE
Bellerie.

ODE. 4.

Déesse Bellerie,

ODES

Belle Déesse cherie,
De nos Nimphes, dont la uoix
Sonne ta gloire hautaine
Acordante au son des bois,
Voire au bruit de ta fontaine,
Et de mes uers que tu ois.

Tu es la Nimphe eternelle
De ma terre paternelle,
Pource en ce pré uerdelet
Voi ton Poëte qui t'orne
D'un petit cheureau de laict,
A qui lune & l'autre corne
Sortent du front nouuelet.

Sus ton bord ie me repose,
Et là oisif ie compose
Caché sous tes saules uers
Ie ne sçai quoi, qui ta gloire
Enuoira par l'uniuers,
Commandant à la memoire
Que tu uiues par mes uers.

L'ardeur de la Canicule
Toi, ne tes riues ne brule,
Tellement qu'en toutes pars

Ton

LIVRE II.

Ton ombre est epaisse & drue
Aus pasteurs uenans des parcs,
Aus beufs las de la charue,
Et au bestial epars.

Tu seras faite sans cesse
Des fontaines la princesse,
Moi çelebrant le conduit
Du rocher persé, qui darde
Auec un enroué bruit,
L'eau de ta source iazarde
Qui trepillante se suit.

SVR LA MORT DVNE
haquenée

ODE 10.

Les trois parques à ta naissance
T'auoient augé le pouuoir
De ne mourir, ains que de France
Le dernier bord tu pusses uoir.
Or pour la fin de tes iournées,
Ton dernier uoiage restoit,
Sous les fatales Pirenées,
Ou l'arrest de ta mort étoit.

g iiij

ODES

De ta mort fiere qui t'acable,
Non pas te meurtriſſant ainſi
Qu'un cheual tout pelé du cable
Aus coups de fouets endurci:
Mais te pouſſant par une porte
Le pont-leuis s'eſt enfoncé,
Auec lequel elle t'emporte
Te ranuerſant dans le foſſé.

Dorennauant que la Bretaigne
Ta mere, ne ſe uante pas
D'un cheual qui iamais attaigne
Ta courſe, ton amble, ton pas:
Ne moins les ſablōneuſes pleines
De la chaude Afrique, où ſouuent
Les iumens (miracle) ſont pleines
Se marians auec le uent.

DV RETOVR DE MA-
clou de la Haie à ſon page.

ODE. II.

Fai refreſchir le uin, de ſorte
Qu'il paſſe en froideur le glaçon
Page, & que Marguerite apporte

Son

Son luc pour dire une chançon,
Nous ballerons tous trois au son,
Et di, à Cassandre qu'el' uienne
Les cheueus tors à la façon
D'une follatre Italienne.

Ne sen-tu que le iour se passe
Et tu ne te uas point hastant,
Qu'on perse du uin en ma tasse
A qui ne boirai-ie d'autant?
Pour ce iourdui ie suis contant
Qu'un homme plus fol ne se treuue,
Aiant reueu celui que tant
I'ai conneu seur ami d'épreuue.

A RENE D'ORADOVR,
Abbé de Beus.

ODE 12.

Le tens de toutes choses maistre,
Les saisons de l'an terminant,
Montre assés que rien ne peut estre
Longuement durable en son estre
Sans se changer incontinant.

Ores l'iuer brunist les cieus,

D'un grand uoile obscur emmuré
Ores il soufle audacieus,
Ores froid, ores pluuieus,
En son inconstance asseuré.

Puis quand il s'en fuit uariable,
On reuoit Zephyre ariuer,
Amenant un ciel amiable,
Qui est beaucoup plus agreable
Apres qu'on a senti l'iuer.

Quand un souci triste & hideus,
Oradour, te uiendroit saisir,
Ne t'effraie d'un ni de deus,
Car le tens seul en depit d'eus,
Te rendra libre à ton plaisir.

Dessus ton luc pour eus ne cesse
Si tu me croi de raconter
Les passions de ta maistresse,
Et comme sa uois flateresse
L'ame du corps te sceut oter.

De t'amie le nom aimé
Ores sur les eaus soit oui,
Et ores par le bois ramé

LIVRE II. 54

Qu'il ni ait pré de fleurs semé
Qui d'elle ne soit esioui.

Aucunes fois pres du riuage
Lentement couché sur le ionc,
Tu oiras dans le bois sauuage
La veuue tourtre en son ramage
Se lamenter dessus un tronc.

Vela comment il faut ḃsser
L'effort des ennuis odie
Et le soin du cueur ef
Incontinent tu ṽs pas
Les flots tãt redoutés de

Apres la tourmente bien forte
Le Nautonnier dur au labeur,
Boit sur la proue, & reconforte
Sa troupe lãguissante et morte,
Chassant leur miserable peur.

Compaignõs, l'enduré tourment
Par le uin nous effaçerons,
Sus sus, uiuons ioieusement,
Apres boire plus aisement
La uoile nous rehausserons.

ODES
A MARGVERITE

ODE 13.

En mon cueur n'est point écrite
La rose, ni autre fleur
C'est toi blanche MARGVERITE
Par qui i'ai cette couleur.

N'es-tu celle dont les yeux,
Ont surpris
Par un regard graciéus
Mes espris?
Puisque ta sœur de
Ta sœur pucelle d'élite,
N'a pas causé ma douleur
Par toi donques MARGVERITE
I'ai receu cette couleur.

Ma couleur palle naquit,
Quand mon cueur
Pour maistresse te requit:
Mais rigueur,
Qui loge en toi sa uigueur
A sceu paier mon merite
D'une nouuelle paleur,

Pour aimer

LIVRE II.

Pour aimer trop MARGVERITE
Par qui i'ai ceste couleur.

Quel charme sçauroit casser
Mon ennui,
Et ma couleur effacer
Auec lui?
De l'amour que tant ie sui
La iouissance subite,
Pouroit guarir le malheur
Que me donna MARGVERITE
Par qui i'ai cette couleur.

A IAN DE LA HVRTELOIRE

ODE 14.

Si l'oiseau qu'on uoit amener
Par son chant le tens qui ennuie
Peut les hommes acertener
Du urai augure de la pluie,
Demain le Troien de sa buie
Epandera l'eau, & si le iour
Sera long tens sans qu'il s'essuie
Voilé d'un tenebreus seiour.

Donc, pour attendre que le tour

ODES

De cette tempeste ennuieuse,
Se change par le beau retour
D'une autre saison plus ioieuse,
Euite la tourbe enuieuse,
Et seul dedans ta chambre à part,
Escri de main laborieuse
Les uers qu'Apollon te depart.

Lequel iadis t'enseigna lart
De sa science inestimable,
Dont le desir te point & art,
Tant la fureur en est aimable.
Pelle melle dessus la table
Les liures aussi soient ouuers,
Auecques le luc delectable
Fidele compaignon des uers:

Dessus, par maints acords diuers,
Chasse de toi le souci graue,
Le souci, que le dieu peruers
De sa fleche en nos cueurs engraue:
Apres l'estude il faut qu'on laue
L'esprit des lettres perissant,
D'un uin de reserue, en la caue
Par quatre ans au fust languissant.

Pourquoi

LIVRE II.

our quoi te uas-tu meurtrissant,
ourquoi te gennes-tu toiméme?
andis que tu es fleurissant
onte le soin horrible & bléme.
ssés tost la vieillesse extréme
 fera chanceler les pas,
t dauant le iuge supréme
es ombres, t'enuoira la bas.

E LA IEVNE AMIE
d'un sien ami
ODE 15.

a Genisse n'est assés drue,
ien que ses ans soient uenus,
e forte assés à la charrue,
e pour le taureau qui se rue
ourdement aus ieus de Venus.

ans meslée auecque les ueaus,
ollatre d'une course uiste,
u dessous les saules nouueaus
 uoitre à l'ombre, ou pres des eaus
es flammes du soleil euite.

mais n'endure qu'on la touche,

ODES

Fuiant' à bonds comme un cheureau,
Comme un ieune cheureau farouche
Qui sur le printens s'escarmouche
Par le tapis d'un uerd preau.

Ne soi enuieus du desir
Des raisins trop uers, car l'*Autonne*
Les meurira tout à loisir,
Lors tu pourras à ton plaisir
Manger la grappe meure & bonne.

Le tens rauissant ton uert age
Le lui dônra, uela le point
Comme elle croistra dauantage,
Tirant un gain de ton dommage,
Dommage que l'on ne sent point.

Ia me semble que ie la uoi
Mignarde en ton giron assise,
Te iurer éternelle foi,
Et ne sçauoir partir de toi,
Tant en toi s'amour aura mise.

De toi pensiue & idolatre
T'adorera quelque matin,
Ie preuoi ta main qui folatre

 -Desia

Posa sur sa cuisse d'albâtre,
Et sur l'un & l'autre tetin.

Mais quoi? pour neant tu pretens
De vouloir violenter ores
L'inexorable loi du tens,
Qui le plaisir que tu atens
Ne te veut pas donner encores.

A LA MVSE CLEION, POVR
celebrer Maclou de la haie, le premier
iour du mois de Mai.

ODE 16.

Muses aus yeus noirs, mes pucelles,
Mes muses dont les estincelles
Ardent mon nom par l'univers,
De Maclou sacrez la memoire,
Et faites distiller sa gloire
Dans le dous sucre de vos vers.

O qui des forests cheuelues,
Et des belles riues velues,
Cleon t'esiouis, sus auant
Cent fleurs pour mon Lahaie amasse,

ODES

Et qu'une couronne on lui face
Pour ombrager son front sçauant.

A toi, & à tes seurs compaignes
Il appartient par uos montaignes
L'éterniser en ce uerd mois.
La donc, que sa gloire s'épande,
Et sur les cordes on l'étande
Du luc qui bruit en Vandomois.

LES LOVANGES DE VANDOMOIS
A Iulien Peccate

ODE 17.

O terre fortunée
Des Muses le seiour,
Que le ciel, & l'année
S'érénent d'un beau iour.

En toi, de main non chiche
L'abondance & bon heur,
Ont de leur corne riche,
Renuersé tout l'honneur.

Deus longs tertres t'emmurent,

Dont

LIVRE II.

Dont les flancs durs & fors,
Des fiers uents qui murmurent,
S'opposent aus effors.

Sur l'un Gâtine sainte
Mere des demidieus,
Sa teste de uerd painte,
Enuoie iusqu'aus cieus,

Et sur l'autre prend uie
Maint beau sep, dont le uin
Porte bien peu d'enuie,
Au uignoble Angeuin.

Le Loir tard à la fuite
En soi s'ebanoiant,
D'eau lentement conduite,
Tes champs ua tournoiant,

Rendant bon & fertile
Le païs trauersé,
Par l'humeur qui distile
Du gras limon uersé.

Bien qu'on n'i uienne querre
Par flots iniurieus,

ODES

De l'Atlantique terre
L'or tant laborieus,

Et la Gemme arrachée
Des boiaus d'un rocher,
Ne soit point la cherchée
Par l'auare nocher.

L'Inde pourtant ne pense
Lauaincre, car les Dieus
D'une autre recompense
La fortunent bien mieus.

La iustice grand erre
S'enfuiant d'ici bas,
Laissa dans nostre terre
Le saint trac de ses pas.

Et s'encore à cette heure
De l'antique saison
Quelque uertu demeure,
C'est bien la sa maison.

Les Muses honorées,
Les Muses mon souci,
Et les Graces dorées

I habitent

Les Muses donc ie veil t'offrir,
Muses qui viues ne peuuent
obliuieus tumbeau souffrir.

Qui pense-tu qui aic fait croistre
Hector, ou Aiax si fameus,
Ne re puis-ie faire apparoistre
Par renommée autant comme eus

Ce n'es't le fort & puissant stile
Des Poëtes bien écriuans,
Du creus de la fosse inutile
Les a deterrés tous uiuans.

Bien, quand ta main auroit reprise
La serue Boulougne, & donté
Iusqu' aus deus bous de la Themise
L'Anglois à force surmonté,

Tu n'as rien fait si telle gloire
N'est portraite en mes uers, afin
Que ta renaissante memoire
Viue par les bouches sans fin.

Les liures seuls ont de la terre
Iuppiter aus cieus enuoié,

h iiij

ODES

Et lui ont donné le tonnerre
Dont Encelade est foudroié.

Ainsi les deus freres d'Heleine
Par leur faueur se firent Dieus,
Sauuant la nau qui est in pleine
De flè ves de flots odieus.

TERRE.

19.

Ma Guitterre ie te chante,
Par qui seul, ie deçoi,
Ie deçoi, ie ron, i enchante,
Les amours que ie reçoi.

Nulle chose tant soit douce
Ne te sçauroit egaler,
Toi qui mes ennuis repouße
Si tost qu'ils t'oient parler.

Au son de ton armonie
Ie refréchi ma chaleur
Ardente en flamme infinie,
Naissant d'infini malheur.

Plus

LIVRE II.

¹ habitent aussi.

Et tes Nimphes natiues
Citoïennes des bois,
Qui au caquet des riues
Font acorder leurs uois.

Chantant de bonne grace
Les faits & les honneurs,
De la celeste race
Des Bourbons nos seigneurs.

Bref quelque part que i'erre
Tant le ciel me soit dous,
Ce petit coin de terre
Me rira par sus tous.

La ie ueil que la Parque
Tranche mon fatal fil,
Et m'enuoie en la barque
De perdurable exil.

... te faudra repandre
...usseaus de pleurs, parmi
La uaine & froide çendre
...e Ronsard ton ami.

ODES

A CHARLES DE PISSELEV,
Euesque de Condon,

ODE 18.

Que nul papier dorennauant
Par moi ne s'anime sans mettre
(Docte Prelat) ton nom dauant
Pour donner faueur à mon mettre.

C'est lui qui mieus te fera uiure
Qu'un portrait de marbre attaché,
Ou qu'une medaille de cuiure
Mise à ton los dans un marché.

Si perles ou rubis i'auoie
Dedans mes coffres apresent,
Et tout cela que l'Inde enuoie
Aus froides terres pour present,

Tu les aurois comme ma rime:
Mais Charles (ou ie me deçoi)
Ou tu en ferois peu d'estime,
Et les baniroys loing de toi.

Rien que les Muses ne t'émeuuent,

LIVRE II.

Sonnassent par la menasse
Des Cantabres indontés.

Et que le Romain empire
Foullé des Parthes fust tant,
Si n'a il point sur sa Lire
Bellone acordé pourtant.

Mais bien Venus la riante,
Ou son fils plein de rigueur,
Lalage, ou Clöe fuiante
Dauant auecques son cueur.

Quand sur toi ie chanteroie
D'Hector les combas diuers,
Et ce qui fut fait à Troie
Par les Grecs en dix iuers,

Cela ne peut satisfaire
A l'amour qui tant me mord,
Que peut Hector pour moi faire,
Que peut Aiax qui est mort?

Mieus uaut donc de ma maitresse
Chanter les beautés, affin
Qu'à la douleur qui m'oppresse

ODES

Veille mettre heureuse fin.

Ces yeus autour desquels semble
Qu'amour uole, ou que dedans
Il se cache, ou qu'il assemble
Cent trais pour les regardans.

Chanton donc sa cheueleure,
De laquelle amour uainqueur,
Noua mile rets à l'heure
Qu'il m'encordela le cueur.

Et son sein, rose naïue,
Qui ua & uient tout ainsi,
Que font les flots à leur riue
Soufflés d'un vent adouci.

EPITAPHE DE FRANÇOIS DE
Bourbon Conte d'Anguian

ODE 29.

D'Homere grec, la tant fameuse plume,
Ou de Timante, un tant fameus tableau,
Durant leurs iours auoient une coutume
D'arracher uifs les hommes du tumbeau.

LIVRE II.

Plus cherement ie te garde
Que ie ne garde mes yeus,
Desquels ton fust ie regarde
Peint desus en mile lieus.

Ou le nom de ma Déesse
En maint amoureus lien,
En maints laz & neuds se laisse
Ioindre en chiffre auec le mien.

Ou le dieu qui laue & baigne
Dans le Loir son poil doré,
Ou luc aus muses enseigne,
Dont elles m'ont honnoré.

Son laurier preste l'oreille,
Iusqu'au premier uent qui uient,
De resifler s'appareille
Ce que par cueur il retient.

Qui les forests compaignes
Attire à lui, & les uens,
Orphée, qui les campaignes
Ombrage de bois suiuens.

La, est Ide la branchue,

ODES

Ou l'oiseau de Iuppiter
Dedans sa griffe crochue
Vient Ganymede empieter.

Ganymede delectable,
Chasserot delicieus,
Qui ores sert à la table
D'eschançon la haut aus cieus.

Ses chiens apres l'aigle aboient,
Et ses gouverneurs aussi,
En uain étonnés le uoient
Par l'air emporter ainsi.

Tu es des dames pensiues
L'instrument approprié,
Et aus ieunesses lasciues
Consacré & dedié.

Leurs amours, c'est ton office
Non pas les assaus cruels,
Et le ioieus exercice
De soupirs continuels.

Encores qu'au tens d'Horace,
Les armes de tous costés

Sonnassent

LIVRE II.

Ie uous di ceus qui leur plaisoit encores
Resusciter en depit de leur nuit
Obliuieuse, ores par l'encre, & ores
Par la couleur, eternisant leur bruit.

Mais ell's gens deuoient leur second uiure,
L'un au papier, l'autre à la toile, & non
A la uertu, qui sans l'aide du liure,
Ou d'un tableau, consacre son renom.

Ta uertu donc, seule te sert de tumbe,
Sans mandier ne plume, ni oustils,
Car tout cela qui par la mort ne tumbe,
Vit par desus cent uiuans inutils.

Aussi les Seurs qui nos ages balancent
Selon le ciel à toi inferieur,
Par contrepois tes brefs ans recompensent
D'éternel bruit du tens superieur.

Donques du tens la force iniurieuse
Ne ront l'honneur que tu t'acquis, alors
Que Mars te feit de main uictorieuse,
Tout le Piemont couurir presque de mors.

Et que le Pau t'aperçeut de sa riue

ODES

Rester vainqueur par vertueus effort,
Aiant sacré la depouille captiue
Du vieil Marquis pour trophée, à son bort,

Apres auoir tant de gloires belliques
Mises à chef par le vouloir des dieus,
Ici, la mort mist en paix tes reliques
Quand ton esprit fut citoien des cieus.

Qui seruent or, d'eguillon memorable
A picquer France & sa posterité,
Pour immiter ta louange durable,
Et le laurier que tu as merité.

A SA MVSE

ODE. 21.

Grossi-toi ma Muse Françoise,
Et enfante un vers resonant,
Qui bruie d'une telle noise
Qu'un fleuue debordé tonant.

Alors qu'il sacaige & emmeine,
Pillant de son flot sans merci,
Le tresor de la riche pleine

LIVRE II.

e beuf & le bouuier auſſi.

t fai uoir aus yeus de la Frāce
n uers qui ſoit induſtrieus,
oudroiant la uieille ignorāce
e nos peres peu curieus.

e ſui ni le ſens, ni la rime
i l'art, du modernę ignorant,
ien que le uulgaire l'eſtime,
n béant l'aillę adorant.

us donque l'enuie ſurmonte,
oupe la teſtę à ce ſerpent,
ar tel chemin au ciel on mōte,
t le nom au monde s'épend.

CONTRE DENISE
Sorçiere.

ODE. 22.

'inimitié que ie te porte
aſſe celle, tant ellę eſt forte,
es aigneaus, & des lous,
ieille ſorçiere déhontée,

Que les bourreaus ont fouétée
Deuant les yeus de tous.

Tirant apres toi une presse
D'hōmes & de femmes épesse
Tu montrois nu le flanc,
Et montrois nu parmi la rue
L'estomac, & l'épaule nue,
Rougissante de sang.

Mais la peine fut bien petite
Si lon balance ton merite,
Le ciel ne deuoit pas
Pardonner (hêlas) à ta teste,
Mais il deuoit de sa tempeste
Ruer ton chef la bas.

La Terre mere, encor dolente
De la mort des siens, uiolente
Brulés du feu des cieus,
Te lachant de son uentre à peine
T'engendra uieille, pour la haine
Qu'elle portoit aus Dieus.

Tu sçais que uaut mixtionnée
La drogue qui nous est donnée
Des

LIVRE II.

[…]es païs chaleureus,
[…]t en quel mois, & quelles heures
[…]es fleurs des femmes sont meilleures
[…]u breuuaige amoureus.

[…]ulle herbe, soit elle aus montaignes,
[…]u soit el' fille des campaignes,
[…]e deçeut onc tes yeus:
[…]ue tu as cent fois derobée
[…]'une serpe d'airain courbée,
[…]eule parlant' aus cieus.

[…]e soir, quand la lune fouette
[…]es cheuaus par la nuit muette,
[…]leine de rage alors
[…]oilant ta furieuse teste
[…]e la peau d'une étrange beste
[…]u t'élançes dehors.

[…]u seul souffler de ton haleine
[…]es chiens effroiés, par la pleine
[…]guisent leurs abois.
[…]es fleuues contremont recullent,
[…]t les fiers loups par bandes hullent
[…]edans l'obscur des bois.

ODES

Adonc par les lieus solitaires,
Et par l'horreur des cimeteres
Ou tu hantes le plus,
Au son des uers que tu murmures
Les corps palles tu desemmures
De leurs tumbeaus reclus.

Vestant de l'un l'image uaine,
Tu sçais donner horreur & peine
Apparoissant' ainsi,
A la ueuue qui se tourmente,
Ou à la mere qui lamente
Sa fille morte aussi.

Tu fais que la lune enchantée,
Marche par l'air tout' argentée
Lui dardant d'ici bas,
Telle couleur aus ioües palles,
Que le son de mile cimbales
Ne diuertiroit pas.

Tu es la fraieur du uilage,
Les ieunes & ceus de uiel age
Te ferment leurs maisons,
Tremblans de peur que tu ne taches,
Leurs beufs, leurs innocentes uaches,

LIVRE II.

Du iust de tes poisons.

J'ai veu souuent ton oeil senestre,
Trois fois regardant de loin paistre
La guide du troupeau,
L'ensorceler de telle sorte,
Que tost apres ie la vi morte
Les os persans sa peau.

Bien que Medée fust cruelle,
Tant comme toi ne le fut-elle,
Sa mechance a serui,
Reuerdissant d'Aeson l'écorse,
Au contraire, tu m'as par force
Mon beau printens raui.

Dieus, si la haut pitié demeure,
Pour recompense qu'elle meure,
Et ses os diffamés
Priués d'honneur de sepulture,
Soient des oiseaus goulus pasture,
Et des chiens affamés.

A LA FOREST DE GATINE.

ODE 23.

Donque forest, cest à ce iour

ODES

Que nostre muse oisiue
Veut rompre pour toi son seiour,
Aussi tu seras uiue.

Ie te diuine pour le moins
Autant que celles, uoire
De qui les Latins sont témoins,
Et les Grecs, de leur gloire.

De quel present te pui-ie aussi
Paier & satisfaire,
Plus grand que cetui-la qu'ici
Ma plume te ueut faire?

Toi, qui au dous froid de tes bois
Raui d'esprit m'amuses,
Toi, qui fais qu'a toutes les fois
Me répondent les muses.

Toi, qui dauãt qu'il naisse en moi
Le soin meurtrier arraches:
C'est toi qui de tout esmoi
M'aléges & defasches.

Toi, qui au caquet de mes uers
Etans l'oreille oiante,

Courbant

LIVRE II.

Courbant' en bas les cheueus uers
De ta sime ploiante.

La douce rosée te soit
Tousiours quotidiane,
Et le uent qu'en chassant reçoit
L'alénante Diane.

En toi habite desormais
Des Muses le college,
Et ton bois ne sente iamais
La flamme sacrilege.

A CASSANDRE

ODE 24.

Ma petite columbelle,
Ma petite toute belle,
Mon petit oeil baisez moi:
D'un baiser qui lon tens dure,
Poussez hors la peine dure
De mon amoureus esmoi.

Quand ie uous dirai mignonne,
Sus uenez que l'on me donne

ODES

Neuf baisers tant seulement,
Baillez m'en trois simplement.

Tels que donne la pucelle
Qui n'a senti l'estincelle
D'amour, à quelque ennuiant,
Puis de rigueur toute pleine
Laissez moi en cette peine
D'un pié fretillard fuiant,

Comme un taureau, quand on cache
Sa ieune amoureuse uache
Court apres pour la reuoir,
Ie courrai pour uous rauoir.

D'une main maitresse, & forte
Vous prandrai de telle sorte
Que l'aigle l'oiseau tremblant,
Lors prisonniere modeste,
De me redonner le reste
A donc uous fairés semblant.

Mais en uain serés pendante
Tout à mon col, attandante
(Tenant un peu l'oeil baissé)
Pardon de m'auoir laissé.

Car

Car en lieu des six, adonques
I'en demanderai plus qu'onques
Le ciel de chandelles n'eut,
Plus que d'arene poussée
Aus bords, quand l'eau courroussée
Contre les riues s'esmeut.

A ELLE MESME

ODE 25.

O pucelle plus tendre
Qu'un beau bouton uermeil,
Que le rosier engendre
Au leuer du soleil,
D'une part uerdissant,
De l'autre rougissant,

Plus fort que le lierre
Se grimpant à l'entour,
Du chesne aimé, qu'il serre
En maint enlassant tour,
Courbant ses bras épars
Sus lui de toutes pars.

Serrés mon col maitresse,

ODES

De uos deus braz pliés,
D'un neud qui tienne & presse
Lassés-le & le liés.
Un baiser mutuel
Nous soit perpetuel.

Ne le tens, ne l'enuie
D'autre amour desirer,
Ne pourra point ma uie
De uos leures tirer :
Ains serrés demourons,
Et baisant nous mourons.

En mesme an, & mesme heure,
Et en mesme saison,
Irons uoir la demeure
De la palle maison,
Et les champs ordonnés
Aus amans fortunés.

Amour par les fleurettes
Du printens éternel,
Voira nos amourettes,
Sous le bois maternel.
La, nous sçaurons combien
Les amans ont de bien.

Desus

Desus le dos des pleines,
Et parmi les prés uers
Les riues sonnent pleines
De maints acords diuers:
L'un ioue, & l'autre au son
Danse d'une chanson.

La, le beau ciel découuure
Son front dous & benin,
Sur les fleurs la couleuure
Ne uomist son uenin,
Les oiseaus amouçans
Malheur, n'i sont passans.

Mais bien les uents i sonnent
Ie ne sçai quoi de dous,
Et les lauriers i donnent
Petits ombrages mous,
Les fleurs & les uerdeurs,
L'air embâment d'odeurs.

Parmi le grand espace
De ce uerger heureus,
Nous aurons tous deus place
Entre les amoureus,
Et comme eus sans souci,

Nous i uiurons aussi.

Nulle amie ancienne
Ne se dépitera,
Quand de la place sienne
Pour nous el s'otera;
Non celles dont les yeus
Ont enflammé les Dieus.

PALINODIE A DENISE

ODE 26.

Telle fin que tu uouldras mettre
Au premier courrous de mon mettre
Contre toi tant irrité,
Mais la lui, soit que tu le noies,
Que tu le rompes, ou l'enuoies
Au feu qu'il a merité.

La grande Sybele incensée,
Ne branle pas tant la pensée
De ses chatrés furieus,
Non Bacchus, non Phebus ensemble
Le cueur de leur prestre qui tremble
Les sentant uenir des cieus.

Comme

LIVRE II.

Comme l'ire quand elle enflamme
De sa rage le fond de l'ame,
Qui ne s'épouente pas
Ne d'un couteau, ne d'un naufrage,
Ne d'un Tyran, ne d'un orage
Que le ciel darde çà bas.

De chaque beste Promethée,
A quelque partie adioustée
Dans nous, & d'art curieus
Douce en aigneaus nous feist la face,
Trampant nostre cueur en l'audace
Des fiers lions furieus.

Le courrous à rué par terre
Thyeste, & cause que la guerre
Renuerse mainte cité,
Et que le uainqueur qui s'i rue,
Enflamme la captiue rue
D'un feu contre elle irrité.

Jamais l'humaine coniecture
N'a preueu la chose future.
Et l'oeil trop ardent de uoir
Le tens qui encor ne nous touche,
Demeure chassieus ou louche

ODES

Sans l'ombre en apparcevoir.

Lâs si i'eusse preveu la peine
Dont maintenant ma vie est pleine,
Ie n'eusse iamais laché
Vne Ode d'erreur si tachée
De laquelle t'aiant fachée
Moimesme ie suis faché.

Ores ores ie voi ma faute
Ie voi qu'elle est horrible & haute,
Et ie ten les mains a fin
Que ta monstrueuse sçience
Dont tu as telle experience
Ne mette mes iours à fin.

Ie te suppli par Proserpine
(De Pluton la douce rapine)
Que corroucer il ne faut,
Et par tes liures qui emeuuent
Les astres lasches, & les peuuent
Faire deualer d'enhaut.

Reçoi mes miserables larmes,
Et me delie de tes charmes,
Epouuentable labeur,

Detourne

Détourne ton rouet, & ores
Déchante les uers qui encores
M'acablent d'une grand' peur.

Le superbe Roi de Mysie
Peut bien flechir la fantasie
D'Achille à l'horrible dard,
Aiant la poitrine passée
Par la fiere pique elançée
De la main d'un tel soudard.

D'Ulysse la pénéuse troupe
Reboiuant de Circe la coupe
Déuestit l'horrible peau,
Et lui rougit dedans la face
L'honneur, & la premiere grace
De son uisage plus beau.

Assés & trop hêlas i'endure,
Assés & trop ma peine est dure,
Mon teint par tes eaus souillé
Efface sa couleur de roses,
Et mes uénes ne sont encloses
Que d'un sac palle & rouillé.

Ma teste de tes unguens teinte,

ODES

Plus blanche qu'un Cigne s'est peinte:
Nul repos mon mal deçoit,
Le iour me point, la nuit me presse,
Et mon cueur ne brise l'oppresse
Que par tes uers il reçoit.

Appaise ta uois Marsienne,
Et fai que l'amour ancienne
Nous regluë ensemble mieus,
De moi ta colere repousse,
Et lors tu me seras plus douce
Que la clarté de mes yeus.

A SON LICT.

ODE 27.

Lict, que le fer industrieus
D'un artisan laborieus
A façonné, t'honorant d'un tel tour
Qu'a ce grand monde enuouste tout autour:

Ou celle qui m'a mis le mors
De ses beaus dois foiblement fors,
Entre mes braz se repose à seiour,
Et chaque nuit egale au plus beau iour.

Qui

LIVRE II.   72

Qui a point ueu Mars & Venus
Dans un tableau portraits tous nus,
Des dous amors la mere, estroictement
Tient Mars lasse, qui laisse lentement

La lance tumber à costé
De si douce force donté,
Et la baisant presse l'iuoire blanc
Bouche sur bouche, & le flanc sur le flanc.

Celui qui les a ueu ainsi,
Vous peut imaginer aussi
M'amie & moi, en éprouuant combien
Se recoller ensemble fait de bien,

De çà & la d'un branle dous
Se charlit tremblant comme nous.
Ainsi qu'on uoit des blés le chef mouuant
Sous le soupir du plus tranquil uent.

O que grand tort te font les dieus
Qui ne te logent en leur cieus,
Tu leur ferois plus d'honneur que ne font
Un Chien, un Cancre, & deus Ours qui i sont.

ODES
DES PEINTVRES CONTENVES
dedans un tableau.

ODE 28.

Tableau, que l'éternelle gloire
D'un Apelle auouroit pour sien,
Ou de quelqu'autre dont l'histoire
Celebre le nom ancien,
Tant la couleur heureusement parfaite
A la Nature en son mort contrefaite.

Ou la grand bande renfrongnée
Des Cyclopes laborieus,
Est à la forge embesongnée,
Qui d'un effort industrieus
Haste un tonnerre, armure pour la destre
De ce grand Dieu, à le ruer adestre.

Trois, sur l'enclume gemissante
D'ordre egal le uont martelant,
Et d'une tenaille pinçante
Tournent l'ouurage estincelant:
Vous les diriez qu'ils ahanent & suent
Tant obstinés leur labeur continuent.

En trois

LIVRE II.

En trois raions de pluie torte
Tout le tonnerre est finissant,
Et en trois de uent elle porte,
Et en trois de feu rougissant.
[O]res de peur, ores de bru[it], & ore[s]
[d'i]re, & d'éclair, on le polist & dore.

Les autres, deus soufflets entonnent
Lesquels en leurs uentres enflés,
Prennent le uent, & le redonnent
Par compas aus charbons soufflés.
[Le] metal coulle, & dedans la fournaise
[Co]mme un etang se répand en la braise.

Vn peu plus haut parmi les nues
Enflé d'un uague ondoiant,
Le P[ere] ses fleches connues
D ar[de] [e]ual d'un bras foudroiant.
[Le] feu se sui[t] [en] sacageant l'air, gronde
[fai]sant tremoler les fondemens du monde.

Entre l'oraige, & la nuit pleine
De gresle martelant souuent,
Le pilote cale à grand peine
La uoile trop serue du uent,
[La] mer le tance & les flots irés baignent

k

ODES

De monts bossus leurs rampars qui se plaignent

  Les longs traits des flammes grand erre
  En forme de lances errans,
  Lechent l'estomac de la terre
  Aus bords des fleues eclairans,
Et la forest par les uens depessée
Egalle aus chans sa perruque bessée.

  A cousté gauche de l'orage
  Iunon sa colere celant,
  De Venus emprunte l'ouurage
  Son riche baudrier excellant,
Et le ceignant, sa force coutumiere
Son mari tire à l'amitié premiere.

  (La, les amours sont portrais d'ordre
  Celui qui donte les oiseaus,
  Et celui qui uient ardre & ....dre
  Le cueur des Dauphins sous les eaus.
Leandre proie à l'amour inhumaine,
Pendu au flots noue ou l'amour le meine.)

  Elle, deça & la éparses,
  Enchaine ses mains à son col,
  Lui, dedans ses mouelles arses
       Auale

LIVRE II.

Auale un amour tendre & mol,
Et en baisant ce grand corps, fait renaistre
Le beau printens saison du premier estre.

De l'Ocean l'image empreinte
Contraint ses portraits finissans,
D'asur uerdoiant elle est peinte,
Et d'argent ses flots blanchissans,
Ou les Dauphins aus dos courbés i nouent,
Et en un rond ils follatrent & iouent.

Au meilleu de l'onde imprimée
Comme grandes forests, on uoit
S'éleuer la nauale armée
Que Charles à Thunis auoit,
Les flots batus des auirons qui sonnent
En tournoiant murmurent & resonent.

Enuironné d'une grand' trope
Son pouoir le rend orguilleus,
Trainant les forces de l'Europe.
Auec soi d'un bras merueilleus:
L'Espaigne i est, & les peuples qui uiuent
Loin dessous l'Ourse, & les Hongres le suiuent.

Pres de Thunis sur le bord More,

lx ij

ODES

L'African aueugle au danger,
La mer uerte en pourpre colore
Au sang du soudart étranger:
Mars les anime, & la discorde irée
Trainant sa robe en cent lieus deßirée.

Tout au bas, d'une couleur palle
Est repaint l'Empereur Romain,
Craignant nostre Roi qui egalle
Les Dieus par les faits de sa main:
Mais pour neant, car de Henri la lance
Ia ia captif le traine dans la France.

Paris tient ses portes decloses
Receuant son Roi belliqueur,
Vne grande nue de roses
Pleut à l'entour du chef uainqueur.
Les feus de ioie ici & la s'alument,
Et iusque au ciel les autels des Dieus fument

A FRERE RENE MACE,
excellent Poète historiographe
François.

ODE 29.

Cependant que tu nous dépeins

Des

LIVRE II. 75

Des François la premiere histoire,
Desenseuelissant la gloire
Dont nos aieus furent si pleins.

Horace, & ses nombres diuers
Amusent seulement ma Lire,
A qui i'ai commandé de dire
Le chant pour honorer tes uers.

Ie les enten deia tonner
Dedans le Pelais ce me semble,
Et uoi nos Poëtes ensemble
D'un tel murmure s'etonner.

I'entreuoi deia la lueur
Des bien estincellantes armes,
Chasser en fuite les gensdarmes
Et les cheuaus pleins de sueur.

Ià le More est abatu,
Et la le uaillant Charlemaigne
Tenant le fer au poin, enseigne
Aus siens à suiure sa uertu.

C'est la le urai enfantement
De ta grauẽ heroique Muse,

k iij

ODES LIVRE II.

Laquelle enflée ne s'amuse
Qu'a deuiser bien hautement.

Mais moi petit & mal apris,
Aiant basse & poure la ueine,
Ie façonne auec grande peine
Des uers qui sont de peu de pris.

Tels qu'ils sont, Macé, toutesfois
Ie ueil qu'ils témoignent ta gloire,
Et commandent à la memoire
Que tu uiues plus d'une fois.

Ils chanteront à nos neueus
Comme tu allas aus montaignes
D'Helicon, uoir les seurs compaignes
Et Apollon aus beaus cheueus.

Et comme la charmante uois
De tes emmiellées rimes,
Les força de quitter leurs cimes
Pour habiter le Vandomois.

Fin du Second liure.

TROISIEME LIVRE DES ODES
de Pierre de Ronsard Vandomois.

A CHARLES DE PISSELEV
Euesque de Condon.

ODE 1.

D'ou uient cela (mon Prelat) que les hommes
De leur nature aiment le changement,
Et qu'on ne uoit en ce monde ou nous sommes
Vn seul qui n'ait un diuers iugement.

L'un éloingné des foudres de la guerre
Veut par les champs son age consumer,
A bien poitrir les mottes de sa terre
Pour de Ceres les presens i semer.

L'autre au contraire ardent aime les armes,
Marchant hardi, ores pour étonner
Le camp Anglois de menassans alarmes,
Or pour l'assaut à Boulongne donner.

Qui le palais de langue mise en uente
Fait eclater deuant un President,

ODES

Et qui picqué d'auarice ſuiuente
Franchiſt la mer de l'Inde à l'Occident.

L'un de l'amour adore l'inconſtance,
L'autre plus ſain ne met l'eſprit, ſinon
Au bien public, aus choſes d'importance,
Charchant par peine un perdurable nom.

L'un ſuit la court, & les grans dieus enſemble,
Si que ſon chef au ciel ſemble toucher,
L'autre les fuit, & eſt mort ce lui ſemble
Si uoit le Roi de ſon toict approcher.

Le pelerin à l'ombre ſe delaſſe,
Ou d'un ſommeil ſon trauail adouſſiſt,
Ou reueillé, auec la pleine taſſe
Du iour tardif la longueur accourſiſt.

Qui dauant l'aube accourt triſte à la porte
Du conſeiller le ſac au poin portant,
Et la réuant atend que monſieur ſorte
Pour lui donner le bon iour en ſortant.

Ici, cetui de la ſage Nature
Les faits diuers remaſche en i penſant,
Et cetui la, par la lineature
  Des

LIVRE III. 77

Des mains, predit le malheur menaſſant.

L'un allumant ſes uains fourneaus, ſe fonde
Deſſus la pierre incertaine, & combien
Que l'inuoqué Mercure ne réponde,
Souffle en deus iours le meilleur de ſon bien.

L'un graue en bronce, & dans le marbre à force
Veut le labeur de nature imiter,
Des corps errans l'aſtrologue s'efforce
Vouloir par art leur chemin limiter:

Mais tels eſtats inconſtans de la uie
Ne m'ont point pleu, & me ſuis tellement
Eloigné d'eus, que ie n'u onq enuie
D'abaiſſer l'oeil pour les uoir ſeulement.

L'honneur ſans plus du uerd laurier m'agrée,
Par lui ie hai le uulgaire odieus,
Voila pour quoi Euterpe la ſacrée
M'a de mortel fait compagnon des Dieux.

Auſſi el' m'aime, & par les bois m'amuſe,
Me tient, m'embraſſe, & quand ie ueil ſonner,
De m'accorder ſes fleutes ne refuſe
Ne de m'apprendre à bien les entonner.

ODES

Car elle m'a de leau de ses fontaines
Pour prestre sien baptisé de sa main,
Me faisant part du haut honneur d'Athenes,
Et du sçauoir de lantique Romain.

HINNE A SAINT GERVAISE
& Protaise

ODE 2.

La victorieuse couronne
Martirs, qui uos fronts enuironne,
N'est pas la couronne du pris
Qu'Elide donne pour la course,
Ou pour auoir pres de la source
D'Alphée, esté les mieus appris.

Auoir d'un indonté courage
De Neron méprisé la rage
Vous à rendus uictorieus,
Quand l'un eut la teste tranchée,
Et l'autre l'eschine hachée
De gros fouets iniurieus.

Ce beau iour qui uostre nom porte
Chaqu'an me sera saint, de sorte

Que

LIVRE III. 78

Que le chef de fleurs relié,
Dansant autour de uos images,
Je leur ferai humbles hommages
De ce chant à uous dedié.

Ce iour, l'oueille audacieuse
Erre en la troupe gracieuse
Des loups, & si n'a crainte d'eus,
Ce iour, les uillagois uous chomment
Et oisifs par les prez uous nomment
Leur douce esperance tous deus.

Regardez du ciel nos seruices,
Et auocassez pour nos uices,
Regardez nous (disent ils) or,
Dontez le peché qui nous presse,
Et nous sauuez de toute oppresse,
Cette an, & l'autre & l'autre encor.

Faites que des bleds l'apparance
Ne démente nostre esperance,
Et du raisin ia uerdelet
Chassez la nuë menassente,
Et la brebis au champs paissante
Amplissez d'aigneaus, & de laict.

ODES
A PHEBVS LVI VOVANT
ses cheueus

ODE. 3.

Dieu crespelu (qui autrefois
Bani du ciel, parmi les bois,
D'Atmete gardas les taureaus,
Fait compaignon des pastoureaus)
Mes cheueus i'offre à tes autels,
Et bien qu'ils ne soient immortels,
Ils te seront dous & plaisans,
Pour estre la fleur de mes ans.
Mainte fille par amitié,
En à desiré la moitié
Pour s'enorner, mais tu ne ueus
(O l'honneur des crespes cheueus,)
Que rien l'on t'aille presenter
Dont quelq'un se puisse uanter.
C'est toi, qui n'as point dedaigné,
De m'auoir seul acompaigné.
Quand des le berseau i'allai uoir
Tes compaignes, dont le sçauoir
M'a tellement raui depuis,
Que ie ne sçai si ie me suis
Iuré, de leur russeau ami,

A

LIVRE III.

A mon réueil il me sembla
Que leur college s'assembla:
Et que Calliope aus beaus yeus
M'acointant sur toutes le mieus
Pour present son luc me donna,
Qui depuis le premier sonna
Dedans la France les façons
De ioindre le luc aus chansons.

A MACLOV DE LA HAIE,
Sur le traité de la paix fait entre le Roi
François, & Henri d'Angleterre,
1 5 4 5.

ODE. 4.

Il est maintenant tens de boire,
Et d'un dous uin obliuieus
Faire assoupir en la memoire
Le soin de nostre aise enuieus.
Que c'estoit chose deffendue
Au parauant de s'esiouir,
Ains que la paix nous fust rendue
Et le repos pour en iouir.

Ie di, quand Mars armoit l'Espaigne

ODES

Contre les François indontés,
Et ce peuple que la mer baigne
(Hors du monde) de tous costés,
L'Espaigne en piques uiolentes
Furieuse, & ce peuple ici,
Par ses fleches en l'air uolantes
A craindre grandement aussi.

Puisque la paix est reuenue
Nous embellir de son seiour,
La ioie en l'oscur détenue
Doit à son ranc sortir au iour,
Sus page, en l'honneur des trois Graces
Verse trois fois en ce pot neuf,
Et neuf fois en ces neuues tasses
En l'honneur des seurs qui sont neuf.

Ce lis, & ces roses naïues
Sont épendues lentement,
Ie hai les mains qui sont oisiues,
Qu'on se depesche uitement:
Là donq ami, de corde neuue
R'anime ton luc endormi,
Le luc auec le uin se treuue
Plus dous, s'il est meslé parmi.

O quel

LIVRE III.

quel Zephire fauorable
ortera ce folatre bruit
edans l'oreille inexorable
e Madelaine qui nous fuit?
e soin qui en l'ame s'engraue
courṛ aus uens ores tu dois
est chose saige, & uraiment graue
e faire le fol quelquefois.

A MADELAINE AIANT
mari uiellart.

ODE 5.

es fictions dont tu decores
ouuraige que tu uas peignant,
'Hyacinthe, Europe & encores
e Narcisse se complaignant
e son ombre le dedaignant.

mblent indinnes de la peine
ont tu exercites tes dois,
r plustost soit d'or, soit de laine
a toile peindre toute pleine
e ton tourment propre tu dois.

ODES

Quand ie te uoi, & uoi encore
Ce uiel mari que tu ne ueus,
Ie uoi Thitone, & uoi l'Aurore,
Lui dormir, elle ses cheueus
Trésser d'un laqs doré comme eus

Pour aller chercher son Cephale,
Et quoi qu'il soit alangoré,
De uoir sa femme morte, & palle,
Si suit-il celle qui egale
Les roses d'un front coloré.

Parmi les bois errent ensemble
Se soulant de plaisir, mais lås,
Iamais le ieune amour n'assemble
Vn uiellart d'ans recreu & las,
A un printens tel que tu l'as.

A LA FONTAINE
Bellerie

ODE 6.

Argentine fonteine uiue
De qui le beau cristal courant,
D'une fuite lente, & tardiue
Ressuscite

LIVRE III.

essuscite le prémourant.

Quand l'esté ménager moissonne
Le sein de Ceres deuétu,
Et l'aire, par compas resonne
Sous l'épi de blé batu.

Pour iamais puisses-tu estre
En honneur, & religion
Au beuf, & au bouuier chãpestre
De ta uoisine region.

La lune d'un oeil prospere,
Et les bouquins amenans
La Nimphe aupres de ton repere
Le bal sur l'herbe demenans.

Comme ie desire fonteine
Ne plus ne songer boire en toi
Esté, lors que la jeune ameine
La mort dépite contre moi.

A MAISTRE DENIS LAMBIN.

ODE 7.

Que les formes de toutes choses

ODES

Soient, comme dit Platon, encloses
En nostre ame, & que sçauoir,
Est seulement ramenteuoir:
Ie ne le croi, bien que sa gloire
Me persuade de le croire.
Car veritablement depuis
Que studieus du Grec ie suis,
Homere deuenu ie fusse,
Si souuenir ici me passe
D'auoir ses beaus vers entendu,
Ains que mon esprit descendu,
Et mō corps, fussent ioins ensemble:
Mais c'est abus, l'esprit ressemble
Au tableau tout neuf, ou nul trait
N'est par le peintre encor portrait,
Et qui retient ce qu'il i note,
Lambin, qui sur Seine, d'Eurote
Par le dous miel de tes douceurs
As ramené les saintes sœurs.

EPIPALINODIE

ODE 8.

O terre, ô mer, ô ciel épars,
Ie suis en feu de toutes pars:

Dedans,

LIVRE III.   82

Dedans & dehors mes entrailles
Une chaleur le cueur me point,
Plus fort qu'un mareschal ne ioint
Le fer tout rouge en ses tenailles.

La chemise qui ecorcha
Hercule quand il la toucha,
N'égale point la flamme mienne,
Ne tout le feu que rote enhaut
Bouillonnante en soi d'un grand chaut,
La fornaise Sicilienne.

Le iour, les soucis presidans
Condamnent ma coulpe au dedans
Et la genne apres on me donne:
La peur sans intermission
Sergent de leur commission
De point me pique, & m'eguillonne.

La nuit, les fantausmes vollans,
Claquetans leurs becs violans,
En sifflant mon ame épouantent,
Et les furies qui ont soin
Vanger le mal tiennent au poin
Les verges dont ell' me tourmantent.

l ij

ODES

Il me semble que ie te uoi
Murmurer des charmes sur moi
Tant que d'effroi le poil me dresse,
Puis mon chef tu uas relauant
D'une eau puisée bien auant
Dedans la mare de tristesse.

Que ueus tu plus, di, que ueus-tu,
Ne m'as tu pas assés batu,
Veus-tu qu'en cest age ie meure,
Me ueus-tu bruler foudroier,
Et tellement me poudroier,
Qu'un seul osset ne me demeure?

Ie suis apresté si tu ueus
De te sacrifier cent beus
Affin de raualer ton ire,
Ou si tu ueus auec les dieus,
Ie t'enuoirai la haut aus cieus
Par le son menteur de ma Lire.

Les freres d'Heleine fachés
Pour les iambes delachés
Contre leur seur par Stesichore,
A la fin lui ont pardonné,
Et pleins de pitié redonné

L'usaige

LIVRE III. 83

l'usaige de sa ueuë encore.

Tu peus helàs (Denise) aussi
Rompre la teste à mon souci
Te flechissant par ma priere,
Rechante tes uers, & mes trais
Que tu as en cire portrais
Iette au uent trois fois par derriere.

L'ardeur du courrous que l'on sent
Au premier age adolescent
Me feist trop nicement t'escrire,
Maintenant humble, & repentant,
D'oeil non feint ie ua lamentant
La iuste fureur de ton ire.

HINNE A LA NVIT

ODE 9.

Nuit, des amours ministre & sergente fidele.
Des arrests de Venus, & des saintes lois d'elle,
 Qui secrete acompaignes
L'impatient ami de l'heure acoutumée,
O l'aimée des Dieux, mais plus encore aimée
 Des étoiles compaignes,

l iij

ODES

Nature de tes dons adore l'excellence,
Tu caches les plaisirs desous muet silence
  Que l'amour iouissante
Donne, quand ton obscur étroitement assemble
Les amans embrasses, & qu'ils tumbent ensembl
  Sous l'ardeur languissante.
Lors que l'amie main court par la cuisse, & ores
Par les tetins, au quels ne s'acompare encores
  Nul iuoire qu'on uoie,
Et la langue en errant sur la ioüe, & la face,
Plus d'odeurs, & de fleurs, la naissantes, amasse
  Que l'Orient n'enuoie.
C'est toi qui les soucis, & les gennes mordantes,
Et tout le soin enclos en nos ames ardantes
  Par ton present arraches.
C'est toi qui rens la uie aus uergiers qui languissen
Aus iardins la rousée, & aus cieus qui noircissent
  Les idoles attaches.
Mai, si te plaist déesse une fin à ma peine,
Et donte sous mes braz celle qui est tant pleine
  De menasses cruelles,
Affin que de ses yeus (yeus qui captif me tiennent
Les trop ardës flambeaus plus bruler ne me uiënen
  Le fond de mes mouelles.

        DE

LIVRE III.

DE LA VENVE DE LESTE
Au seigneur de Bonniuet euesque de Besiers

ODE. 10.

Ia-ia, les grans chaleurs s'émeuuent,
Et presque les fleuues ne peuuent
Leurs peuples escallés couurir,
Ia uoit on la plaine alterée
Par la grande torche aithérée
De soif se lâcher, & s'ouurir.

L'estincelante Cánicule,
Qui ard, qui cuist, qui boust, qui brule,
L'esté nous darde de la haut.
Et le souleil qui se promeine
Par les braz du Cancre, rameine
Ces mois tant pourboullis du chaut.

Ici, la diligente troupe
Des ménagers renuerse, & coupe
Le poil de Ceres iaunissant,
Et la, iusques à la uesprée
Abbat les honneurs de la prée,
Des beaus prez l'honneur uerdissant.

l iiij

ODES

Ce pedant leurs femmes son prestes
D'assurer au haut de leurs testes
Des plats de bois, ou des baris,
Et sillant, marchent par la plaine
Pour aller apâter la peine
De leurs laborieus maris.

Si tost ne s'esueille l'Aurore,
Que le pasteur ne soit encore
Plustost leué quelle, & alors
Au son de la corne reueille
Son troupeau qui encor sommeille
Desus la fresche herbe dehors.

Parmi les plaines découuertes,
Par les bois, & les riues uertes,
Paist le bestail, plustost courant
Entre les fleurs Apollinées,
Ou entre celles du sang nées
Du bel Adonis, en mourant.

Au long des flancs des belles ondes,
Les ieunes troupes uagabondes
Les filles des troupeaus lacifs
De frōts retournés s'entrechocquĕt,
Deuāt leurs peres qui s'en mocquĕt

Au

Au haut du prochain tertre assis.

Mais quand en sa distance egale
Est le souleil, & la sigale
Epand l'enroué de sa uois,
Et que nul Zephire n'aleine
Tant soit peu les fleurs en la pleine,
Ne la teste ombreuse des bois,

Adonc le pasteur entrelasse
Ses paniers de torse pelasse,
Ou il englue les oiseaus,
Ou nu comme un poison il noue,
Et auec les ondes se ioue
Cherchãt tousiours le fõd des eaus.

Si l'antique fable est croiable,
Erigone la pitoiable
En tels mois alla luire aus cieus,
En forme de uierge, qui ores
Reçoit dedans son sein encores
Le commun oeil de tous les dieus.

Oeil inconnu de nos ualées,
Ou les fonteines deualées
Du uif rocher uont murmurant,

ODES

Et ou mile troupeaus se pressent,
Et le nés contre terre bessent
Si grande chaleur endurant.

Entre les bois qui refreschissent,
Remaschët les beufs qui languissent
Au piteus cri continuel
De la genisse qui lamente
L'ingrate amour dont la tourmente
Son mari felon & cruel.

Lors le pasteur qui s'en estonne,
S'essaie du flageol qui sonne
A menuiser son accident,
Ce qu'il fait, tant qu'il uoie pendre
Contre bas Phebus, & descendre
Son chariot en l'Occident.

Puis de toutes pars il r'assemble
Sa troupe uagabonde ensemble,
Et la conuoie aus douces eaus,
Laquelle en les beuuant ne touche
Sans plus que du haut de la bouche
Le premier front des pleins russeaus.

Adonc au son de ses musettes,
      Marchent

LIVRE III. 86

Marchent les troupes camusettes
Pour aller trouuer le seiour,
Ou les aspres chaleurs deçoiuent
Par un dormir qu'elles reçoiuent
Lentement iusque au point du iour.

SVR LA NAISSANCE DE
François de Valois Dauphin de France,
à la muse Caliope.

ODE sans rime II.

En quel bois le plus separé
Du populaire, & en quel antre
Pren tu plaisir de me guider
O Muse ma douce folie:
Afin qu'ardent de ta fureur,
Et du tout hors de moi ie chante
L'honneur de ce roial enfant
Qui doit commāder à la France
Ie crirai des uers non tantés,
Et non sonnés de nul poëte,
Plus hautement que sur le mont
Le prestre Thracien n'entonne
Le cor à Baccus dedié,
Alors qu'il a l'ame remplie

ODES.

De sa uiolente fureur.
Il me semble desia que i'erre
Seul par les antres, & qu'au fond
D'une solitaire ualée,
Ie chante les diuins honneurs
Du grand pere, & du pere ensemble:
Tandis Muse, sur son berseau
Seme le lis, seme la rose,
Et l'oliuier, & le laurier,
L'honneur des uainqueurs es batailles.
Ie preuoi qu'il uous aimera,
Et emploira la méme destre
De laquelle il aura uaincu
L'Espaignol, & l'Anglois pariure,
A forger des uers qui feront
Voler son nom par sus la terre:
Imitateur du grand Cæsar
Vaillant & sçauant tout ensemble,
Qui le iour dontoit ses haineus,
Et la nuit écriuoit sa gloire.

A SON LIVRE

ODE 12.

Bien qu'en toi mon liure on oie
     Achille

Achille es plaines de Troie
Brandir l'homicide dard,
Et qu'un Hector ne foudroie
L'eſtomac du Grec ſoudard.

Ne laiſſe pourtant te mettre
En commun iour, car le mettre
Qu'en toi bruire tu entens,
O ſe aſſurer & promettre
Te faire uainqueur du tens.

Si la gloire & la lumiere
De Smyrne luiſt la premiere
L'honneur ſur tous emportant,
Vne muette fumiere
N'obſcurciſt Thebes pourtant.

Les uers qu'il m'a pleu d'elire
Deſſus les nerfs de ma lire
Furont, & ſuperieurs
Du tens, on les uoira lire
Des hommes poſterieurs.

Sus donq renommée, charge
Deſſus ton épaule large
Mon nom qui tante les cieus,

ODES

Et le couure sous sa targe
De peur du trait enuieus.

Mon nom des l'onde Atlantique,
Iusqu'au dos du More antique,
Soit immortel témoigné
Et depuis l'isle erratique,
Iusqu'au Breton eloigné.

Afin que mon labeur croisse,
Et sonoreus apparoisse
Lirique pardessus tous,
Et que Thebes se connoisse
Faite Françoise par nous.

A IANNE IMPITOIABLE

ODE 13.

O grand beaulté mais trop outrecuidée
   Par les dons de Venus,
Quand tu uérras ta face estre ridée
   Et tes flocons cheneus,
Contre le tens, & contre toi rebelle
   Tu diras en tansant
Que ne pensoi-ie alors que i'estoi belle

                    Ce que

LIVRE III.

e que ie ua penfant,
bien pourquoi à mon defir pareille
Ma pale ioüe n'eft?
beauté femble à la rofe uermeille
Qui meurt fi toft qu'ell' naift.
a les uers tragiques, & la plainte,
Qu'au ciel tu enuoiras
ontinent que ta face depainte
Par le tens tu uoiras.
çais combien ardamment ie t'adore
ndocile à pitié,
tu me fuis, & tu ne ueus encore
Te ioindre à ta moitié.
Paphos, & de Cypre regente
éeffe aus noirs fourcis,
toft encor que le tens foi uangente
es dedignés foucis,
u brandon dont les cueurs tu enflammes
es iumens tout au tour,
le-la moi, afin que de fes flammes
me' rie à mon tour.

IOACHIM DV BELLAI ANGEVIN.

ODE 14.

ODES

Nous auons quelque fois grand' faute
Soit de biens, soit de faueur haute,
Comme l'affaire nous conduit:
Mais tousiours tandis que nous sommes
Ou mors, ou mis au rang des hommes,
Nous auons besoin de bon bruit.

Car la louange emmiellée
Au sucre des Muses mellée
Nous perçe l'oreille en riant,
Ie-di louange qui ne cede
A l'or que Pactole possede,
Ni aus perles de l'Orient.

La uertu qui n'a connoissance
Combien la Muse a de puissance
Languist en tenebreus seiour,
Et en uain elle est soupirante
Que sa clarté n'est apparante
Pour se montrer aus rais du iour.

Mais ma plume qui coniecture
Par son uol sa gloire future,
Se uante de n'endurer pas
Que la tienne en l'obscur demeure,
Ou comme orpheline elle meure

Errante

LIVRE III.

Errante sans honneur la bas.

Nous auons bien moi, & mon mettre,
Cette audace de te promettre
Que tes labeurs seront appris
De nous, de nos suiuantes races,
S'il est urai que i'aie des graces
Cueilli les fleurs dans leur pourpris.

Je banderai mon arc qui iette
Outre l'Ocean sa sagette
Pour uiser tout droit en ce lieu
Qui se reiouist de ta gloire,
Et ou le grand fleuue de Loire
Se mesle auec un plus grand Dieu.

Bien que ta douce erreur soit telle
Que de soi se rende immortelle,
Dedaigner pourtant tu ne dois
L'honneur que la mienne te donne,
De cette lire qui te sonne
Ce que lui commandent mes dois.

Jadis Pindare sur la sienne
Acorda la guerre ancienne
Des Geans de foudre couuers,

m

ODES

Et ie sonnerai ta louange,
Et l'enuoirai de Loire à Gange,
Desus les ailes de mes uers.

Car il semble que nostre lire
Ta race seulle uueille elire
Pour l'engrauer la haut aus cieus,
Macrin a sacré la memoire
De l'oncle, & i'honnore la gloire
Du neueu qui s'honnore mieus.

France sous Henri fleurît comme
Sous Auguste fleurissoit Romme,
Elle n'est pleine seulement
D'hommes qui animent le cuiure,
Ni de peintres qui en font uiure
Deus ensemble eternellement:

Mais grosse d'Apollon enfante
Des fils dont elle est triumphante,
Qui son nom rendent honnoré:
L'un en beaus sonnets la decore,
L'autre en haus uers, et l'autre encore
Sur les cordes du luc doré.

Entre les quels le ciel ordonne

Que

LIVRE III.

Que le premier lieu l'on te donne,
Si tu monstres autour tes uers
Entés dans le tronc d'une oliue,
Qui hause sa perruque uiue
Iusque à l'egal des lauriers uers.

DE LA CONVALESCENCE
d'un sien ami.

ODE 15.

Mon âme, il est tens que tu randes
Aus bons dieus les iustes offrandes
Dont tu as obligé tes ueus.
Sus, qu'on face un autel de terre
Puis qu'ores paier tu les ueus,
L'enuironnant de uerd lierre,
Et de uerueine aus saints cheueus.

Les dieus n'ont remis en arriere
L'humble soupir de ma priere,
Et Pluton qui n'a point apris
De fleschir pour dueil qu'homme meine,
N'a pas mis le mien à mépris,
Rabellant la Parque inhumaine
Qui ia nostre ami tenoit pris.

m ij

Mortes sont les fieures cruelles
Qui rongeoint ses cheres mouelles,
Son oeil est maintenant pareil
Au fleurs que trop les pluies baignent
Enuieuses de leur uermeil,
Lesquelles apres se repaignent
Aus raions du nouueau souleil.

Sus Mégret, qu'on chante, qu'on sonne
C'est heur que la santé lui donne,
Qu'on chasse ennuis, soucis, & pleurs,
Qu'on seme la place de roses
D'oeillés de lis, de toutes fleurs
Qui se monstrants au ciel desclozes
Le font mirer en leurs couleurs.

Lequel s'esgaie & se recrée
De te uoir sain, & lui agrée
Le iour que tu fais desous lui,
Son cours qui sembloit apparoistre
Malade comme toi d'ennui,
Tous deus sains, aués fait connoistre
Vos belles clartés auiourdhui.

Mais quoi? si faut-il que l'on meure,
Rien ça bas ferme ne demeure

Nostr

LIVRE III.

[...]stre FRANCOIS ueit bien la nuit,
[...]nc tandis qu'on ne te menasse,
[...] la mort boiteuse te suit,
[...]aut que ta docte main face
[...]euure dinne de son bruit.

BAISER DE CASSANDRE

ODE 16.

[...]ser fils de deus leures closes,
[...]es de deus boutons de roses,
[...]i serrent, & ouurent ce ris
[...]i deride les plus marris.

[...]ser que i'estime, & adore
[...]mme ma uie, & dont encore
[...]en en ma bouche souuent
[...]ire le soupir de son uent.

[...]ser qui fais que l'amant meure,
[...]s qu'il reuiue tout à l'heure,
[...]e souflant l'ame qui pendoit
[...]s leures ou ell' t'attendoit.

[...]ouche d'Amôme toute pleine,

m iij

ODES

Qui m'engendres de ton haleine
Vn pré de fleurs en chaque part
Ou ta flairante odeur s'épart.

Et vous mes petites montaignes,
Ie parle à vous leurs compaignes
Dont le Coral naïf & franc,
Ouure deus rans d'iuoire blanc.

Ie vous suppli n'aiez enuie
D'estre homicide de ma vie,
Qui ne vit que de vostre dous,
Et du miel qui coulle de vous.

A MACLOV DE LA HAIE

ODE 17.

Et puis que l'orage est à son tour reuenu
Si que le ciel voilé tout triste est deuenu,
Et la veuue forest branle son chef tout nu
   Sous le vent qui l'estonne.
C'est bien pour ce iourdhui (se me semble) raison
Qui ne veut offencer la loi de la saison,
Vser des dous plaisirs que l'amie maison
   En tens pluuieus donne.

Mais

Mais si i'augure bien quand ie uoi pendre en bas
Les nuaus aüallés, mardi ne sera pas
Si mouillé qu'auiourdhui, nous prendrons le repas
  Tel iour nous deus ensemble.
Tandis chasse de toi tout le mordant souci,
Et l'amour si tu l'as chassé le moi aussi,
Ce garçon insensé au plus sages d'ici
  Mille douleurs assemble.
Du soin de l'auenir ton cueur ne soit époint,
Ains contant du present, di lui qu'en un seul point
N'admire les faueurs qui ne dureront point
  Sans culbuter à terre.
Plus tost que les buissons les pins audacieus
Et le front des rochers qui menace les cieus,
Plus tost que les caillous qui nous trompet les yeus,
  Sont punis du tonnerre.
Vien soul, car tu n'auras le festin ancien,
Ne le past que donna l'orgueil Aegyptien
Au Romain qui fuioit l'antique seiour sien
  Ie hai tant de uiandes.
Tu ne boiras aussi de ce nectar diuin
Qui rend Aniou fameus, car uoulontiers le uin
Qui a senti l'humeur du terroir Angeuin
  Suit les bouches friandes.

ODES
A CHARLES DE PISSELEV
Euesque de Condon

ODE 18.

Vous faisant de mon écriture
    La lecture,
Souuent à tort m'aués repris,
D equoi si bas ie composoi,
    Et n'osoi,
Faire un euure de plus haut pris.

Vn chacun (Charles) qui s'efforce
    N'a la force
De uomir des liures parfaits:
Les nerfs foibles souuët se treuuët
    S'il epreuuent,
Plus que leur charge un pesant fais.

Qui pensés uous qui puisse ecrire
    L'ardente ire
D'Aiax le fils de Telamon,
Ou d'Hector rechanter la gloire,
    Ou l'histoire
De la race du uiel Emon?

                             Toute

Toute muse pour tragedie
    N'est hardie
A roter un stile si haut,
Ne propre à recenser la peine
    D'erreurs pleine,
Du Grec Vlysse fin, & caut.

Adieu donc enfans de la terre,
    Qui la guerre
Entreprintes contre les Dieus,
Ce n'est pas moi qui uous raconte
    Ne qui monte
Auecque uous iusques aus cieus.

Vos uertus, graces, & merites,
    Seront dites
Par un Maclou mieus fortuné,
Ma petite lirique muse
    Ne m'amuse
Qu'a l'humble uers ou ie suis né.

Quant est de moi i'aime ma mode,
    Par mainte ode
Mon renom ne perira point,
Les autres de Mars diront l'ire,
    Mais ma lire

ODES

Bruira l'amour qui me point.

A CVPIDON POVR
punir Ianne cruelle

ODE. 19.

Le iour pousse la nuit,
Et la nuit sombre
Pousse le iour qui luit
D'une obscure ombre.

L'autumne suit l'esté,
Et l'âpre rage
Des uens, n'a point été
Apres l'orage.

Mais le mal nonobstant
D'amour dolente,
Demeure en moi constant
Et ne s'alente.

Ce n'estoit pas nous, Dieu,
Qui failloit poindre,
Ta fleche en autre lieu
Se deuoit ioindre.

Poursui

Pourſui les pareſſeus
Et les amuſe,
Mais non pas moi, ne ceus
Qu'aime la Muſe.

Helâs deliure moi
De cétte dure,
Qui plus rit, quand de moi
Voit que i'endure.

Redonne la clarté
A mes tenebres,
Repouſſe en liberté
Mes iours funebres.

Amour ſoi le ſupport
De ma penſée,
Et guide à meilleur port,
Ma nef caſſée.

Tant plus ie ſuis criant
Moins el' n'oit goute,
Et plus ie ſuis priant
Moins el' m'ecoute.

Ne ma palle couleur

ODES

D'amour blémie,
N'a émeu à douleur
Mon ennemie,

Ne sonner à son huis,
De ma guiterre
Ni pour elle les nuis
Coucher à terre.

Plus cruel n'est l'effort
De l'eau mutine
Qu'elle, lors que plus fort
Le uent s'obstine.

Ell' s'arme en sa beauté,
Et si ne pense
Voir de sa cruauté
La recompense.

Montre toi le uainqueur
Et d'elle enflamme,
Pour exemple le cueur
De telle flamme

Qui la seur alluma
Trop indiscrette,

Et d'ardeur consuma
La Roine en Crete.

AVS MOVCHES A MIEL
pour cueillir les fleurs sur la bouche
de Cassandre.

ODE 20.

Ou allez vous filles du ciel
Grand miracle de la nature,
Ou allés vous mouches à miel
Chercher aus champs vostre pasture:
Si vous voulés cueillir les fleurs
D'odeur diuerse, & de couleurs,
Ne volez plus à l'auanture.

Autour de sa bouche alenée
De mes baisers tant bien donnés,
Vous trouuerés la rose née,
Et les oeillets enuironnés
Des florettes ensanglantées
D'Hyacinte, & d'Aiax, plantées
Autour des rommarins la nés.

Les mariolenes i fleurissent,

ODES

L'amôme i est continuel,
Et les lauriers qui ne perissent
Pour l'iuer tant soit il cruel,
L'anis, le cheurefueil qui porte
La manne qui uous reconforte,
I uerdoie perpetuel.

Mais ie uous pri gardez uous bien,
Gardez uous qu'on ne l'eguillonne,
Vous apprendriés bien tost combien
Sa pointure est trop plus felonne,
Et de ses fleurs ne uous soulez
Sans m'en garder, si ne uoulez
Que mon ame ne m'abandonne.

COMPLAINTE DE GLAVCE
à Scylle nimphe

ODE 21.

Les douces fleurs d'Hymette aus abeilles agréen
Et les eaus de l'esté les alterés recréent:
    Mais ma peine obstinée
Se soullage en chantant sur ce bord foiblement
Les maus auquels amour à miserablement
    Sumis ma destinée.

LIVRE III.   96

ô Scylle, Scylle, làs cétte dolente riue,
oire son flot piteus qui bruiant i arriue
    Des salées campaignes
e plaint & me lamente, & ces rochers oians
on dueil continuel de moi sont larmoians:
    Seule tu me dedaignes.
iour fut mõ malheur, quãd les Dieus marins eurẽt
nuie sus mon aise, & lors qu'ils me connurent
    De leur grande mer digne.
as heureus si iamais ie n'eusse dedaigné
art premier ou i'estoi par mon pere enseigné
    Ni mes rets, ni ma ligne:
ar le feu qui mon cueur rõge, poinçonne, & lime,
e uiẽt ardre au meilieu (qui l'eust creu!) de l'abime
    De leur mer fluctueuse,
t bien en autre forme adonc ie me changeai,
ue ie ne fus mué alors que ie mangeai
    L'herbe tant uertueuse.
ourtant si i'ai le chef de longs cheueus difforme,
t le corps monstrueus d'une nouuelle forme
    Bien peu connue aus ondes:
el honneur de nature en moi n'est à blámer,
a mere Tethys m'aime, & m'aiment de la mer
    Les nimphes uagabondes.
irce tant seulement ne m'aime, mais encore
rdentement me suit, & ardente m'adore,

ODES

En vain de moi éprise,
Ainsi le bien que cent desirent, une l'a,
Vne l'a voirement, & en lieu de cela
  Me hait, & me deprise,
Et bien que tu sois Nimphe en ces riues, si esse
Qu'indinne ie ne suis de toi demidéesse,
  Vn dieu te fait requeste,
Thetys pour effacer cela qu'auoi d'humain,
Et d'homme au tens subiet, m'a uersé de sa main
  Cent fleuues sur la teste.
Mais las dequoi me sert cétte faueur que d'estre
Immortel, & d'aller compaignon à la destre
  Du grand prince Neptune,
Quand Scylle me dedaigne étant au ranc admis
De ceus qui par la mort ne leur est plus permis
  De tromper leur fortune.

DE FEV LAZARE DE BAIF
à Caliope

ODE 22.

Si les Dieus
Larmes d'yeus
Versent pour la mort d'un homme,
A cétte heure

Dieus

LIVRE III.

ieus qu'on pleure,
qu'en dueil on se consomme.

liope,
ta trope,
f chantez en uois telle,
ue sa gloire
r memoire
it saintement immortelle.

maint tour,
lentour
cercueil croisse l'ierre.
it, & iour
ns seiour,
l'ignorance il eut guerre.

excellance
la France
ourut en Budé premiere,
encores
orte est ores,
es Muses l'autre lumiere.

ODES
A ANTHOINE CHASTEIGNE
abbé de Nantueil

ODE 23.

Ne s'effroier de chose qui ariue,
    Ne s'en facher aussi,
Rend l'homme heureus, & fait encor qu'il uiue
    Sans peur, ne sans souci.
Comme le tens uont les choses mondaines
    Suiuant son mouuement:
Il est soudain, & les saisons soudaines
    Font leurs cours breuement.
Desus le Nil iadis fut la science,
    Puis en Grece elle ala,
Romme depuis en eut l'experience,
    Paris maintenant l'a.
Villes, & forts, & roiaumes perissent
    Par le tens tout expres,
Et donnent lieu aus nouueaus qui fleurissent
    Pour remourir apres.
Comme un printens les ieunes enfans croissen
    Puis uiennent en été,
L'iuer les prent, & plus ils n'apparoissent
    Cela qu'ils ont été.

                          Naguere

LIVRE III.

Naguere étoient defus la uefue arene
    Les poiffons à l'enuers,
Puis tout foudain l'orguilleus cours de Sene
    Les a de flots couuers.

La mer n'eft plus ou elle fouloit eftre,
    Et aus lieus uuides d'eaus
(Miracle étrange) on la lui a ueu naiftre
    Hofpital de bateaus.

Telles lois feit dame Nature guide,
    Lors que par fur le dos
Pyrrhe fema dedans le monde uuide
    De fa mere les os:

A celle fin que nul homme n'efpere
    S'ofer dire immortel,
Voiant le tens qui eft fon propre pere
    N'auoir rien moins de tel.

Arme toi donc de la philofophie
    Contre tant d'accidans,
Et courageus d'elle te fortifie
    L'eftomac au dedans.

N'aiant effroi de chofe qui furuienne
    Au dauant de tes yeus,
Soit que le ciel les abimes deuienne,
    Et l'abime les cieus.

n ij

ODES
A IOACHIM DV BELLAI
Angeuin.

ODE 24.

Si les ames uagabondes
Ça & la, des peres mieus,
Apres auoir beu les ondes
Du dous fleuue obliuieus,
Dedignans l'obscur seiour,
Pleines d'amour de la uie premiere
Reuiennent uoir de nos cieus la lumiere,
Et le clair de nostre iour.

Si ce qu'a dit Pythagore
Pour urai l'on ueut estimer,
L'ame de Petrarque encore
T'est uenue r'animer :
L'experience est pour moi,
Veu que son liure antiq' tu ne leus onques,
Et tu écris ainsi comme lui, donques
Le même esprit est en toi.

Vne Laure plus heureuse
Te soit un nouueau souci,

Et

Et que ta plume amoureuse
Engraue à son tour aussi
Des contens l'heur & le bien,
A celle fin que nostre siecle encore
Comme le uiel, en te lisant t'honore,
Pour gaster l'encre si bien.

D'une nuit obliuieuse
Pour quoi tes uers caches-tu?
La lumiere est enuieuse
S'on lui céle la uertu:
Par un labeur glorieus
Ont surmonté les fureurs poetiques
D'Homere, Horace, & des autres antiques
Les siecles iniurieus.

LA DEFLORATION DE
Lede à Cassandre diuisée par quatre poses

ODE 25.

Le cruel amour uainqueur
De ma uie sa sugette,
M'a si bien écrit au cueur

ODES

Vostre nom de sa sagette,
Que le tens qui peut casser
Le fer & la pierre dure,
Ne le sçauroit effacer
Qu'en moi uiuant il ne dure.

Mon luc qui des bois oiants
Souloit alleger les peines,
De mes yeus tant larmoiants
Ne tarist point les fontaines,
Et le souleil ne peut uoir
Soit quand le iour il apporte,
Ou quand il se couche au soir
Vne autre douleur plus forte.

Mais uostre cueur obstiné,
Et moins pitoiable encore
Que l'Océan mutiné
Qui laue la riue more,
Ne prend mon seruice à gré,
Ains a d'immoler enuie
Le mien, à lui consacré
Des premiers ans de ma uie.

Iuppiter époinçonné

De

LIVRE III.

De telle amoureuſe rage,
A le ciel abandonné,
Son tonnerre, & ſon orage,
Car l'oeil qui ſon cueur étraint
Comme étraints ores nous ſommes,
Ce grand ſeigneur a contraint
De tenter l'amour des hommes.

Impatient du deſir,
Naiſſant de ſa flamme épriſe,
Se laiſſe à l'amour ſaiſir
Comme une dépouille priſe,
Puis il a bras, teſte, & flanc,
Et ſa deité cachée
Sous un plumage plus blanc
Que le lait ſus la ionchée.

En ſon col meit un carcan,
Auec une cheine, ou l'euure
Du laborieus Vulcan
Merueillable ſe déqueuure.
D'or en étoient les cerçeaus
Piolés d'aimail enſemble,
A l'arc qui uerſe les eaus

n iiij

ODES

Ce bel ouurage ressemble.

L'or sus sa plume reluit
D'une semblable lumiere,
Que le clair oeil de la nuit
Desus la nege premiere:
Il fend le chemin des cieus
Par un uoguer de ses ailes,
Et d'un branle spatieus
Tire ses rames nouuelles.

Comme l'aigle fond d'en haut
Ouurant l'epés de la nuë,
Sur l'aspic qui lesche au chaut
Sa ieunesse reuenuë:
Ainsi le Cigne uolloit
Contrebas, tant qu'il arriue
Desus l'estang ou soulloit
Iouer Lede sur la riue.

Quand le ciel eut allumé
Le beau iour par les campaignes,
Elle au bord acoutumé
Mena iouer ses compaignes:
Et studieuse des fleurs

En

En sa main un panier porte,
Paint de diuerses couleurs,
Et paint de diuerse sorte.

Seconde pose.

D'un bout du panier s'ouuroit
Entre cent nuës dorées,
Une Aurore qui couuroit
Le ciel de fleurs colorées:
Ses cheueus uagoient errans
Soufflés du uent des narines,
Des prochains cheuaus tirans
Le souleil des eaus marines.

Comme au ciel il fait son tour
Par sa uoie courbe & torte,
Il tourne tout à l'entour
De l'anse en semblable sorte:
Les nerfs s'enflent aus cheuaus
Et leur puissance indontée,
Se lasse sous les trauaus
De la pénible montée.

La mer est painte plus bas,

L'eau ride si bien sur elle,
Qu'un pescheur ne niroit pas
Qu'elle ne fust naturelle.
Ce soleil tumbant au soir
Dedans l'onde uoisine entre,
A chef bas se laissant cheoir
Iusqu'au fond de ce grand uentre.

Sur le sourci d'un rocher
Vn pasteur le loup regarde,
Qui se haste d'aprocher
Du couard peuple qu'il garde:
Mais de cela ne lui chaut,
Tant un limas lui agrée,
Qui lentement monte en haut
D'un lis, au bas de la prée.

Vn Satire tout follet
En folatrant prend, & tire
La panetiere, & le lait
D'un autre follet Satire.
L'un court apres tout ireus,
L'autre defend sa despouille,
Le laict se uerse sur eus
Qui sein, & menton leur souille.

LIVRE III.

eus beliers qui se hurtoient
e haut de leurs testes dures,
ortréts aus deus bors estoient
our la fin de ses paintures.
el panier en ses mains meit
ede qui sa troppe excelle,
e iour qu'un oiseau la feit
emme en lieu d'une pucelle.

une arrache d'un doi blanc
u beau Narcisse les larmes,
t la lettre teinte au sang
u Grec marri pour les armes:
e crainte l'oillet uermeil
allit entre ces piglardes,
t la fleur que toi soleil
es cieus encor tu regardes.

l'enui sont ia cueillis
es uers tresors de la plaine,
es bascinets, & les lis,
a rose, & la mariolaine:
uant la uierge dist ainsi
ettant sa charge odorante
t la rouge fueille aussi
e l'immortel Amaranthe.)

ODES
Tierce pose.

Allon trouppeau bienheureus
Que i'aime d'amour naïue,
Oüir l'oiseau douloureus
Qui se plaint sur nostre riue:
Et elle en hastant ses pas
Fuit par l'herbe d'un pié uite,
Sa troupe ne la suit pas
Tant sa carriere est subite.

Du bord lui tendit la main,
Et l'oiseau qui tresaut d'aise,
S'en aproche tout humain,
Et le blanc iuoire baise:
Ores l'adultere oiseau
Au bord par les fleurs se ioüe,
Et ores au haut de l'eau
Tout mignard follâtre, & noüe.

Puis d'une gaie façon
Courbe au dos l'une & l'autre aile,
Et au bruit de sa chançon
Il appriuoise la belle:
La nicette en son giron
Reçoit les flammes segrettes,

Faisant

LIVRE III.

Faisant tout à l'enuiron
Du Cigne, un lit de fleurettes.

Lui qui fut si gratieus
Voiant son heure oportune,
Deuint plus audatieus
Prenant au poil la fortune:
De son col comme ondes long
Le sein de la uierge touche,
Et son bec lui meist adonc
Dedans sa uermeille bouche.

Il ua ses ergots dressant
Sur les bras d'elle qu'il serre,
Et de son uentre pressant
Contraint la rebelle à terre.
Sous l'oiseau se debat fort,
Le pince, & le mord, si est ce
Qu'au milieu de tel effort
Ell' sent rauir sa ieunesse.

Le cinabre ça & la
Coulora la uergogneuse,
A la fin elle parla
D'une bouche dedaigneuse,
D'ou es tu trompeur uollant,

ODES

D ou viens tu, qui as l'audace
D'aller ainsi violant
L es filles de noble race?

I e cuidoi ton cueur, helas,
S emblable à l'habit qu'il porte,
M ais (hé pauurette) tu l'as
A mon dam d'une autre sorte:
O ciel qui mes cris entens,
T e voir donc encores i'ose,
A près que mon beau printens
E st depouillé de sa rose.

P lus tost vien pour me manger
O vefue Tigre affamée,
Q ue d'un oisel étranger
I e soi la femme nommée:
S es membres tombent peu forts,
E t dedans la mort voisine
S es yeus ia nouoient, alors
Q ue lui répondit le cigne.

Quatriéme pose.

V ierge dit il ie ne suis
C e qu'a me voir il te semble,

Plus

plus grande chose ie puis
qu'un cigne à qui ie resemble.
Ie suis le maistre des cieus,
Ie suis celui qui deserre
Le tonnerre audacieus
Sur les durs flancs de la terre.

La contraignante douleur
Du tien plus chaut qui m'allume,
M'a fait prendre la couleur
De cette non mienne plume:
Ne te ua donc obstinant
Contre l'heur de ta fortune,
Tu seras incontinant
La belle seur de Neptune.

Et si tu pondras deus oeufs
De ma semance féconde,
Ainçois deus triumphes neufs
Futurs ornemens du monde:
L'un, deus iumeaus éclorra,
Pollux uaillant à l'escrime,
Et son frere qu'on loura
Pour des cheualiers le prime.

Dedans l'autre germera

La beauté au ciel choisie,
Pour qui un iour s'armera
L'Europe contre l'Asie:
A ces mots ell' se consent
Receuant telle auanture,
Et ia de peu à peu sent
Haut' éleuer sa ceinture.

A MERCVRE.

ODE 26.

Facond neueu d'Atlas, Mercure,
Qui as pris le soin & la cure
Des bons espris sur tous les dieus:
Accorde les nerfs de ma lire,
Et fai qu'un chant ie puisse dire
Qui ne te soit point odieus.

Honore mon nom par tes Odes,
L'art qu'on leur doit, leurs douces modes
A ton disciple ramentoi:
Comme à celui que Thebes uante
Montre moi, affin que ie chante
Vn uers qui soit dinne de toi.

LIVRE III.

Je garnirai tes talons d'ailes,
Ton chapeau en aura deus belles,
Ton baston ie n'oublirai pas,
Dont tu nous endors, & reueilles,
Et fais des œuures nompareilles
Au ciel, en la terre, & la bas.

Je ferai que ta main deçoiue
Sans que nul bouuier l'aperçoiue
Phebus, qui suit les pastoureaus:
Lui derobant & arc, & trousse,
Lors que plus fort il se courrousse
D'auoir perdu ses beaus toreaus.

Je dirai que ta langue sage,
Aporte par l'air le message
Des dieus, aus peuples, & aus rois,
Lors que les peuples se mutinent,
Ou lors que les rois qui dominent
Violentent les saintes lois.

Comme il me plaist de te uoir ores
Aller parmi la nuit encores
Auec Priam au camp des Grécs,
Rachatant par or, & par larmes,
La fleur des magnanimes armes

ODES

Hector, qui causa ses regrets.

C'est toi qui guides, & accordes
L'ignorant pouce sus mes chordes,
Sans toi sourdes elles sont, Dieu,
Sans toi ma guiterre ne sonne,
C'est par toi qu'ell' chante & resonne,
Si elle chante en quelque lieu.

Fai que toute France me loüe,
M'estime, me prise, m'aloüe
Entre ses Poëtes parfaits.
Ie ne sen point ma uois si basse,
Qu'un iour le ciel elle ne passe
Chantant de son Prince les faits.

A MICHEL PIERRE DE
Mauleon, Protenotere de
Durban.

ODE 27.

Ie ne suis iamais paresseus
A consacrer le nom de ceus
Qui sont alterés de la gloire.
Et nul mieus que moi, par ses uers

LIVRE III.

Ne bâtist dedans l'uniuers
Les colonnes d'une memoire.

Mauleon, tu te peus uanter
Puisque Ronsard te ueut châter
Que tu deuançeras la fuite
Du tens empané iour & nuit,
Qui auec lui traine & conduit
Le long silence pour sa suite.

Mais par ou doi-ie commancer
Pour tes louanges auancer ?
Ton abondance me fait pouure,
Tant la nature heureus t'a fait,
Et tant le ciel de son parfait
Prodigue uers toi se decouure.

Certes la France n'a point ueu
Un homme encores si pourueu
Des biens de la Muse eternelle,
Ne qui dresse le uol plus haut
Ne mieus guidant l'outil qu'il faut
Pour nôtre langue maternelle.

Car soit en prose ou soit en uers
Minât maint beau tresor diuers

Tu nous fais riche par ta peine,
Industrieus à refuser
Qu'un mauuais son uienne abuser
Le goust de ton oreille saine.

Le ciel ne t'a pas seullement
Elargi prodigallement
Mille presens: mais dauantage
Il ueut pour te fauoriser
Te faire uanter & priser
Par les plus doctes de nostre áge.

Languedoc me sert de temoin,
Voire Venise, qui plus loin
S'émerueilla de uoir la grace
De ton Paschal, qui louengeant
Les Mauleons, alla uengeant
L'outrage fait contre ta race.

Lors qu'au meillieu des Peres uieus
Dégorgeant le present des Dieus
Par les torrens de sa harangue,
Il embla l'esprit des oians
Comme épics çà & la ploians
Dessous le dous uent de sa langue.

Liant

Liant par ses mots courageus
Au col du meurtrier outrageus
Vne furie uengeresse,
Qui plus que l'horreur de la mort
Encores lui ronge & lui mord
Sa conscience pecheresse.

Mais ni son stile, ni le mien,
Ne te sçauroient chanter si bien
Que toi-méme, si tu decouures
Tes labeurs écris doctement,
Par les quels manifestement
Le chemin du ciel tu nous ouures.

Car toi uolant outre les cieus
Tu as pillé du sein des Dieus
Le Destin, & la Prescience,
Et le premier tu as osé
Auoir en François composé
Les secrets de telle sçience.

Fin du troisieme liure.

ODES

QVATRIEME LIVRE DES
Odes de Pierre de Ronsard
Vandomois.

EPITHALAME D'ANTOINE DE
Bourbon, & de Ianne de
Nauarre.

ODE 1.

Quand mon Prince épousa
 IANNE, diuine race,
Que le Ciel composa
Au moule d'une Grace:
Douze vierges venües
Ces beaus vers lui ont dit,
En dansant toutes nües
A l'entour de son lit.
 O Hymen, Hymenée,
 Hymen, ô Hymenée.
Prince plein de bon heur,
L'arrest du Ciel commande,
Qu'on te donne l'honneur
De nostre belle bande:
Telle qu'est une rose
Née au mois le plus dous,

Sur

LIVRE IIII.

Sur toute fleur declose,
Elle est telle entre nous.
   O Hymen, Hymenée,
   Hymen, ô Hymenée.
Et toi Princesse aussi,
Parfaite est ton attente,
Iointe à ce Prince ici,
Qui nostre age contente:
Comme l'aneau decore
Le diamant de chois,
Ainsi sa gloire honore
Les Princes, & les Rois.
   O Hymen, Hymenée,
   Hymen, ô Hymenée.
Il n'eust pas mieus trouué
Que toi, vierge excellente,
Voire eust il éprouué
La course d'Atalante:
Ne ta ieunesse heureuse
Ne voudroit pas changer,
A la Greque amoureuse,
Qui suiuit l'étranger.
   O Hymen, Hymenée,
   Hymen, ô Hymenée.
Le Ciel fera beaucoup
Pour pere, & mere ensemble,

ODES

Si tu fais naistre un coup
Vn fils qui te resemble,
Ou l'honneur de ta face
Soit peint, & de tes yeus,
Et ta celeste grace,
Diuin present des Dieus.
 O Hymen, Hymenée,
 Hymen, ô Hymenée.
Cessez flambeaus la haut
Vos clartés coutumieres,
Ce Soir, mais ce Iour, uaut
Cinq cents de uos lumieres,
Car les Amours qui dardent
Ici leur feu qui luit
Plus que les Astres ardent
L'espesseur de la Nuit.
 O Hymen, Hymenée,
 Hymen ô Hymenée.
Maint Soir iadis fut bien
Du lit des Dieus coupable,
Mais nul d'un si grand bien
Ne fut onques capable.
Et si tu peus bien croire,
Heureus Soir, desormais,
Que tu seras la gloire
Des Soirs pour tout iamais.

     O Hymen,

O Hymen, Hymenée,
Hymen, ô Hymenée.
Nimphes, de uos couleurs
Ornez leur couche sainte,
Et des plus riches fleurs,
Dont la terre soit painte:
Que menu l'on i gette
Cét excellent butin,
Que le marchant achette
Bien loing sous le Matin.
O Hymen, Hymenée,
Hymen, ô Hymenée.
Et uous diuin troupeau,
Qui les eaus de Pégase
Tenés, & le coupeau
Du cheuelu Parnase,
Venez gentile race,
Offrir uos lauriers uers,
Et prenant nostre place,
Chantez uos meilleurs uers.
O Hymen, Hymenée,
Hymen, ô Hymenée.
Car l'ardeur qui nous tient,
Nous guide par les pleines,
Que le Loir entretient
De uerdeur tousiours pleines:

ODES

La nous ne uerrons prée
Sans leur faire un autel,
N'eau, qui ne soit sacrée
A leur nom immortel.
    O Hymen, Hymenée,
    Hymen, ô Hymenée.
Ce pendant consommez
Vos nopces ordonnées,
Et les feus allumés
De vos amours bien nées:
La chaste Cyprienne
Aiant son Ceste ceint,
Auec ses Graces uienne
Compaigne à l'euure saint.
    O Hymen, Hymenée,
    Hymen, ô Hymenée.
Affin que le neud blanc
De foi loiale assemble
De Nauarre le Sang
Et de Bourbon ensemble,
Plus étroit que ne serre
La uigne les ormeaus,
Où l'importun l'ierre
Les apuians rameaus.
    O Hymen, Hymenée,
    Hymen, ô Hymenée.

Adieu

Adieu Prince, adieu soir,
Adieu pucelle encore,
Nous te reuiendrons uoir
Demain auec l'Aurore:
Pour prier ta hautesse
Ne mettre en nonchaloir,
De nostre petitesse
Le bien humble uouloir,
O Hymen, Hymenée,
Hymen, ô Hymenée.

A BOVIU ANGEVIN

ODE 2.

Cetui-ci en uers les gloires
Des Dieus uainqueurs écrira,
Et cetui-la les uictoires
De nos uieus princes dira.

Mais moi ie ueil que ma Muse
Épande ton nom par l'air,
Et que toute s'i amuse
Si peu qu'elle sçait parler.

Pour estre de nostre France

ODES

L'un de ceus qui ont défait,
Le uillain monstre Ignorance
Et le siecle d'or refait.

Que celui qui s'estudie
D'estre pour iamais uiuant,
La main d'un peintre mandie
Ou l'encre d'un ecriuant!

Mais toi qui hautain deprise
Une empruntée faueur
De la main (tant soit apprise)
D'un poëte, ou engraueur.

Tu peus maugré la mort bléme
Mieus qu'une plume, ou tableau,
T'arracher uiuant toi méme
Hors de l'oublieus tumbeau.

Faisant un uers plus durable
Qu'un Colosse elabouré,
Ou la tumbe memorable
Dont Mausole est honoré.

Les Pyramides tirées
Des entrailles d'un rocher,

Iadis

LIVRE IIII.

Iadis des Rois admirées
Le tens a fait trebucher.

Mais ſi l'eſprit poëtique
Qui m'agite, n'eſt errant,
Plus que nul pilier antique,
Ton euure ſera durant.

Et ſi preuoi que la gloire
De ton uagabond renom,
Ne fera ſonner à Loire
Contre ſes bords que ton nom.

Et le tournant en ſon onde
Le rura dedans la mer,
Affin que le uent au monde
Le puiſſe par tout ſemer.

CONTRE VN QVI LVI
deroba ſon Horace

ODE 3.

Quiconques ait mon liure pris,
D'orenauant ſoit-il épris
D'une fureur, tant qu'il lui ſemble

ODES

Voir au ciel deus souleils ensemble
Comme Penthée.

Au dos pour sa punition
Pende sans intermission
Vne furie qui le suiue:
Sa coulpe lui soit tant qu'il uiue
Representée.

AV PAIS DE VANDOMOIS
uoulant aller en Italie

ODE 4.

L'ardeur qui Pythagore
En Aegypte à conduit,
Me uenant ardre encore
Doucement m'a seduit,
A celle fin que i'erre
Par le païs enclos
De deus mers, & qui serre
De Saturne les os.

Terre, à Dieu, qui premiere
En tes braz m'as receu,
Quand la belle lumiere

Du

LIVRE IIII.

…u monde i'apperceu:
…t toi Braie qui roules
…n tes eaus fortement,
…t toi mon Loir qui coules
…n peu plus lentement.

…dieu fameus riuages
…e bel email couuers,
…t uous antres sauuages
…elices de mes uers.
…t uous riches campaignes,
…u présque enfant ie ui
…es neuf muses compaignes
…'enseigner à l'enui.

…e cours pour uoir le Mince
…e Mince tant connu,
…t des fleuues le prince
…ridan le cornu.
…t les roches hautaines
…ue donta l'African,
…ar les forces soudaines
…u soufre, & de Vulcan.

…e la Serene antique
…e uoirai le tumbeau,

Et la courſe erratique
D'Arethuſe, dont l'eau
Fuiant les braz d'Alphée
Se derobe à nos yeus,
Et Aetne le trophée
Des victoires aus Dieus.

Ie uoirai cette uille
Dont iadis le grand heur
Rendit à ſoi ſeruile
Du monde la grandeur:
Et celle qui entrouure
Les flots à l'enuiron,
Et riche ſe decouure
Dans l'humide giron.

Plus les beaus uers d'Horace
Ne me ſeront plaiſans,
Ne la Thebaine grace
Nourriſſe de mes ans:
Car ains que tu reuiennes
Petite Lire, il faut
Que trompe tu deuiennes
Pour bruire bien plus haut.

Soit que tu te hazardes

D'oſer

LIVRE IIII.

d'oser chanter l'honneur
des victoires Picardes
que gaingna mon seigneur:
ou soit, qu'à la memoire
par un uers asses bon,
tu consacres la gloire
du haut sang de Bourbon.

Heureus celui ie nomme,
Qui de sçauoir pourueu,
Et les meurs de maint homme,
En mainte terre ueu:
Et dont la sage adresse,
Et le conseil exquis,
Du fin soudard de Grece
Le nom lui ont aquis.

Celui, la grand peinture
Du ciel n'ignore pas,
De tout ce que nature
Fait en haut & ça bas:
De Mars la fiere face
Ne lui feist onc effroi,
Ne l'horrible menaçe
D'un senat ou d'un Roi.

ODES

Son opposé courage
Bâti sur la vertu,
Pour nul humain orage
Ne fut onc abatu.
Car d'une aile non mole
Fuit ce monde odieus,
Et indonté s'en vole
Iusque au siege des Dieus.

DE L'ELECTION DE
son sepulcre

ODE 5.

Antres, & vous fontaines
De ces roches hautaines
Devallans contre bas
D'un glissant pas :

Et vous forests, & ondes
Par ces prez vagabondes,
Et vous riues, & bois
Oiez ma vois.

Quand le ciel, & mon heure
Iugeront que ie meure,

LIVRE IIII.

Raui du dous seiour,
Du commun iour,

Ie ueil, i'enten, i'ordonne,
Qu'un sepulcre on me donne,
Non pres des Rois leué,
Ne d'or graué,

Mais en cette isle uerte,
Ou la course entrouuerte
Du Loir, autour coulant
Est acollant'.

Là ou Braie s'amie
D'une eau non endormie,
Murmure à l'enuiron
De son giron.

Ie deffen qu'on ne rompe
Le marbre pour la pompe
De uouloir mon tumbeau
Bâtir plus beau,

Mais bien ie ueil qu'un arbre
M'ombrage en lieu d'un marbre,
Arbre qui soit couuert

p ij

ODES

Touſiours de vert.

De moi puiſſe la terre
Engendrer un l'hierre,
M'embraſſant en maint tour
Tout alentour.

Et la vigne tortiſſe
Mon ſepulcre embelliſſe,
Faiſant de toutes pars
Vn ombre épars.

Là viendront chaque année
A ma feſte ordonnée,
Les paſtoureaus eſtans
Prés habitans.

Puis aiant fait l'office
De leur beau ſacrifice,
Parlans à l'iſle ainſi
Diront ceci.

Que tu es renommée
D'eſtre tumbeau nommée
D'un de qui l'univers
Ouira les vers?

Et

Et qui onc en sa uie
Ne fut brulé d'enuie
Mendiant les honneurs
Des grans seigneurs?

Ni ne r'apprist l'usage
De l'amoureus breuuage,
Ni l'art des anciens
Magiciens?

Mais bien à nos campaignes,
Feist uoir les seurs compaignes
Foulantes l'herbe aus sons
De ses chansons.

Car il sçeut sur sa lire
Si bons acords élire,
Qu'il orna de ses chants
Nous, & nos champs.

La douce manne tumbe
A iamais sur sa tumbe,
Et l'humeur que produit
En Mai, la nuit.

Tout alentour l'emmure

p iij

ODES

L'herbe, & l'eau qui murmure,
L'un d'eus i uerdoiant,
L'autre ondoiant.

Et nous aians memoire
Du renom de sa gloire,
Lui ferons comme à Pan
Honneur chaque an.

Ainsi dira la troupe,
Versant de mainte coupe
Le sang d'un agnelet
Auec du laict

Desus moi, qui à l'heure
Serai par la demeure
Ou les heureus espris
Ont leurs pourpris.

La gresle, ne la nége,
N'ont tels lieus pour leur siege,
Ne la foudre onque la
Ne deuala.

Mais bien constante i dure
L'immortelle uerdure,

Et

LIVRE IIII.

Et constant en tout tens
Le beau printens.

Et Zephire i alaine
Les mirtes, & la plaine
Qui porte les couleurs
De mile fleurs.

Le soin qui solicite
Les Rois, ne les incite
Le monde ruineur
Pour domineur.

Ains comme freres uiuent,
Et morts encore suiuent
Les métiers qu'ils auoient
Quand ils uiuoient.

Là, là, i'oirai d'Alcée
La lire courroucée,
Et Saphon qui surtous
Sonne plus dous.

Combien ceus qui entendent
Les odes qu'ils rependent,
Se doiuent réiouir

ODES

De les ouir?

Quand la peine receue
Du rocher, est deceue
Sous les acords diuers
De leurs beaus uers?

La seule lire douce
L'ennui des cueurs repousse,
Et ua l'esprit flattant
De l'écoutant.

AV FLEVVE DV
Loir

ODE

Loir, dont le cours heureus distille
Au sein d'un païs si fertile,
   Fai bruire mon renom
   D'un grand son en tes riues,
   Qui se doiuent uoir uiues
   Par l'honneur de mon nom.
Ainsi Thetys te puisse aimer
Plus que nul qui entre en sa mer.

LIVRE IIII. 117

Car si la Muse m'est prospere
Fameus comme le Lot i'espere
    Te faire un iour nombrer
      Aus rangs des eaus qu'on prise,
      Et que la Gréce apprise
      A daigné celebrer.
Pour estre le fleuue eternel
Lauant mon païs paternel.

Là donc, chante moi, & me sonne
En lieu du bruit que ie te donne,
    Tu uoiras desormais
      Ton onde braue & fiere
      S'enfler par ta riuiere
    Qui ne mourra iamais,
Resonant' auec un grand son
L'honneur de ce tien nourrisson.

Ecoute un peu ma uois qui crie,
Et moi qui de ces bords te prie,
    Pour le paiment d'auoir
      (Eternizant ta gloire
      De durable memoire)
    Fait si bien mon deuoir.
Quand i'aurai mon age acompli
Enseueli d'un long oubli,

ODES

Si quelqu'homme, ou Dieu ariue
Aus bords de ta parlante riue,
  Di leur (quand plus tu bruis)
  Que ma Muse premiere
  Aluma la lumiere
  En ces champs d'ou ie suis.
Di leur ma race, & mes aieus,
Et le beau don que i'u des cieus.

Di leur, que moi de souci uide,
Aiant tes filles pour ma guide
  I'allai au double mont
  Disciple des pucelles,
  Et dont les étincelles
  Si bien enflammé m'ont,
Que pour leur grace deseruir
Seules ie les uoulu seruir.

A GVI PECCATE PRIEVR
de Sougé.

ODE 7.

Gui, nos meilleurs ans coulent
Comme les eaus qui roulent
D'un cours sempiternel,

La mort

LIVRE IIII.

La mort pour sa sequelle
Nous ameine auec elle
Un exil eternel.

Nulle humaine priere
N'a repoussé derriere
Le bateau de Caron,
Quand l'ame nuë ariue
Vagabonde en la riue
De Styx, ou d'Acheron.

Toutes choses mondaines
Qui uestent nerfs, & uenes,
Egalle mort attend,
Soient poures, ou soient Princes,
Car sur toutes prouinces
Sa main large s'estend.

La puissance tant forte
Du grand Achile est morte,
Et Thersite odieus
Aus Grecs, est mort encores,
Et Minos qui est ores
Le conseiller des Dieus.

Iuppiter ne demande

Que des beufs pour offrande,
Mais son frere Pluton
Nous demande nous hommes,
Qui la victime sommes
De son enfer glouton.

Celui dont le Pau baigne
Le tumbeau, nous enseigne
N'esperer rien de haut:
Et celui que Pegase
Volant du mont Parnase
Culbuta si grand saut.

Lâs on ne peut connoistre
Le destin qui doit naistre,
Et l'homme en vain poursuit
Coniecturer la chose,
Que Dieu sage tient close
Sous une obscure nuit.

Ie pensoi que la trope
Que guide Caliope,
(Dont le desir me mord)
Soutiendroit ma querelle,
E qu'indonté, par elle
Ie donteroi la mort.

Mais

LIVRE IIII.

Mais une fieure grosse
Creuse desia ma fosse
Pour me banir la bas,
Et sa flamme cruelle
Repaist de ma mouelle,
Miserable repas.

Que peu s'en faut ma vie
Que tu ne m'es rauie
Laissant ce iour tant beau,
Et que mort ie ne uoie
Ou Mercure conuoie
Le debile troupeau?

Et ce Grec qui la peine
Dont la guerre est tant pleine
Par ses uers ua contant,
Poëte que la presse
Des espaules epaisse,
Admire en ecoutant.

A bon droit Promethee
Pour sa fraude inuentée
Endure un torment tel,
Qu'un aigle sur la roche
Lui ronge d'un bec croche

ODES

Son poumon immortel.

Depuis qu'il eut robée
La flamme prohibée
Pour les Dieus dépiter,
Les bandes inconnues
Des fieures, sont uenues
Parmi nous habiter.

Et la mort dépiteuse
Auparauant boiteuse
Legere gallopa:
D'ailes mal ordonnées
Aus hommes non donnée
Dedale l'air coupa.

L'execrable Pandore
Fut forgée, & encore
Astrée s'en uola,
Et la boete feconde
Des maus, peupla le monde
De ses uices qu'il a.

Le depraué courage
Des hommes de nostre age
N'endure par ses faits,

Que

LIVRE IIII.

[...]ue Iupiter étuie
[...] foudre, qui s'ennuie
[...]e uoir tant de mefaits.

CASSANDRE FVIARDE.

ODE 8.

[...] me fuis d'une courfe uifte
[...]mme un fan qui les loups euite
[...]llant les mammelles chercher
[...]e fa mere pour fe cacher,
[...]utelant de fraieur ce femble
[...]un rameau le uient toucher :
[...]r pour le moindre bruit que face
[...]un ferpent la gliffante trace,
[...]t de genous, & de cueur tremble :
[...]ais ma uie, & mon ame enfemble
[...]e laiffent de fuiure tes pas,
[...]mme un lion ie ne cour pas
[...]pres toi pour te faire outrage.
[...]ai donc ma mignonne un peu bas
[...]a cruauté de ton courage.
[...]t toi ia d'age pour te fandre
[...]aiffe ta mere, & uien aprendre
[...]mbien l'amour donne d'esbas.

ODES

VEU A LUCINE AUS
couches d'Anne Tiercelin.

ODE. 9.

O déesse puissante
De pouuoir secourir
La uierge languissante
Ia-ia preste à mourir,
Quand la douleur amere
D'un enfant la fait mere.

Si douce, & secourable
Heureusement tu ueus,
D'oreille fauorable
Ouïr mes humbles ueus,
I'éléuerai d'iuoire
Vne image à ta gloire.

Et moi la teste ornée
De deus beaus lis recens,
I'irai trois fois l'année
La parfumer d'encens,
Acordant sur ma lire
L'honneur de ton Osire.

Descen

LIVRE IIII.

...es̨ćen Déesse humaine
...u ciel, & te hâtant
...a santé douce ameine
...celle qui l'atand,
...t d'une main maitresse
...epousse sa detresse.

...insi tousiours t'honore
...e Nil impetueus,
...ui Neptune colore
...ar sept huis fluctueus,
...t sur ses bords la pompe
...ance au bruit de la trompe.

...oi déesse Lucine
...equise par trois fois
...e la uierge en gésine
...u exauces la uois,
...t deserre' la porte
...u dous fruit qu'elle porte.

...u as de la nature
...a clef dedans tes mains,
...u donnes l'ouuerture
...e la uie aus humains,
...t ta force reboute

ODES

Tout ce que la mort oute.

DV IOVR NATAL DE Caſſandre.

ODE 10.

Chanſon, uoici le iour
Ou celle la qui la terre decore,
Et que mon oeil idolatre, & adore,
Vint en ce beau ſeiour.

Le ciel d'amour ataint
Ardant de uoir tant de beautés l'admire,
Et ſe courbant deſus ſa face, mire
Tout l'honneur de ſon taint.

Car les diuins flambeaus,
Grãdeur, uertu, les amours, & les graces
Lui firent don quãd ell'uint en ces places
De leurs preſens plus beaus,

Affin que par ſes yeus
Tout l'imparfait de ma ieuneſſe folle
Fuſt corrigé, & qu'elle fuſt l'idole
Pour m'auoier au mieus,

Heureus

LIVRE IIII.

Heureus iour retourné,
  A tout iamais i'aurai de toi memoire,
Et d'an, en an, ie chanterai la gloire
  De l'honneur en toi né.

  Sus page uistement
Donne ma lire, affin que sur sa chorde
D'un pouce dous ie marie & accorde
  Ce beau iour sainctement.

  Séme par la maison
Tout le tresor des prez & de la pleine,
Le lis, la rose, & cela dond est pleine
  La nouuelle saison :

  Et crie au temple aussi,
Que le soleil ne uit oncques iournée
Qui fust de gloire & d'honneur tant ornée
  Comme il uoit ceste ci.

AV REVERENDISSIME
Cardinal du Bellai.

ODE II.

Dedans ce monde ou nous sommes

ODES

Enclos generallement,
Il n'i a tant seulement
Qu'un genre des dieus, & des hommes.

Eus, & nous n'auons mere qu'une,
Tous par elle nous uiuons,
Et pour heritage auons
Cette grand' lumiere commune.

L'esprit de nous qui tout auise,
Dés Dieus compaignons nous rend.
Sans plus un seul different
Nostre genre & le leur diuise.

La uie aus dieus n'est consumée,
Immortel est leur seiour,
Et l'homme ne uit qu'un iour
Fuiant comme un songe ou fumée.

Mais celui qui aquiert la grace
D'un bien heureus écriuant,
De mortel se fait uiuant,
Et au ranc des celestes passe

Comme toi, que la muse apprise
De ton Macrin a chanté,

Et

LIVRE IIII.

Et t'a un los enfanté
Qui la fuite des ans mesprise.

Elle' à perpetué ta gloire
La logeant la haut aus cieus,
Et à fait egalle' aus dieus
L'eternité de ta memoire.

Aprenez donc uous Rois, & Princes
Les Poëtes honorer,
Qui seuls peuuent decorer
Vous, uos sugets & uos Prouinces.

Le donteur d'Asie, Alexandre
Qui au monde commandoit,
Vn Homere demandoit
Pour faire ses labeurs entandre.

La France d'Homeres est pleine,
Et d'eus liroit on les fais,
S'ils estoient tous satisfais
Autant que merite leur peine.

ODES

VEU AU SOMME.

ODE 12

Somme, le répos du monde,
Si d'un pauot plein de l'onde
Du grand fleuue obliuieus,
Tu ueus arrouſer mes yeus,
Tellement que ie reçoiue
Ton dous preſent qui deçoiue
Le long ſeiour de la nuit,
Qui trop lente pour moi fuit:
Ie te uoue une peinture,
Ou l'efait de ta nature
Sera portrait à l'entour,
S'entreſuiuans d'un long tour
Tous les ſonges & les formes
Ou la nuit tu te transformes,
Pour nos eſpris contenter,
Ou pour les eſpouanter.
A grand tort Vergile nomme,
Frere de la mort, le Somme,
Qui charme tous nos ennuis
Et la pareſſe des nuis
Voire que nature eſtime
Comme ſon fils legitime.

Le ſoin

LIVRE IIII.

Le soin qui les rois époint
L'esprit ne me ronge point,
Toutesfois la tarde Aurore
Me voit au matin encore
Parmi le lit trauailler
Et depuis le soir ueiller.
Vien donc sommeil, & distille
Dans mes yeus ton onde utile
Et tu auras en pur don
Vn beau tableau pour guerdon.

DES ROSES PLANTE'ES
prés un blé.

ODE 13.

Dieu te gard l'honneur du printens,
    Qui étens
Les beaus tresors sur la branche,
Et qui decouures au soleil,
    Le uermeil
De ta beauté naïue & franche.

D'assés loin tu uois redoublé
    Dans le blé
Ta iöue de cinabre teinte,

ODES

Dans le blé qu'on uoit reiouir
    De iouir
De ton image en son uerd peinte.

Et moi en sentant ton odeur,
    Plein d'ardeur
Ie façonne un uers, dont la grace,
Maugré les tristes seurs uiura,
    Et suiura
Le long uol des ailes d'Horace.

Les uns chanteront les oeillés
    Vermeillés,
Ou du lis la fleur argentée,
Ou celle qui s'est par les prez
    Diaprez
Du sang des Princes enfantée.

Mais moi tãt que chanter pourrai
    Ie lourrai
En mes douces Odes la rose,
Pource qu'elle porte le nom
    De renom
De celle ou mon ame est enclose.

                                  A Cassandre

A CASSANDRE

ODE 14.

Nimphe aus beaus yeus, qui souffles de ta bouche
Une Arabie à qui prest s'en approuche,
   Pour deraciner mon émoi
   Cent mile baisers donne moi,
Donne les moi, çà, que ie les deuore
Tu fais la morte, il m'en faut bien encore,
   Redonne m'en deus miliers donc,
   Et un sur tous qui soit plus long
Que n'est une onde en longueur étendue
Desous le uent d'un grand branle épandue.
   Ainsi ma Cassandre uiuons
   Puis que les dous ans nous auons,
Incontinant nous mourons, & Mercure
Nous conuoirra sous la uallée obscure,
   Et au froid roiaume odieus
   A la belle clarté des Dieus,
Tenant au poin sa uerge messagere
Creinte la bas de la trope legere.
   Si qu'aussi tost qu'aurons passé
   Le lac neuf fois entrelassé,
Et que sur nous sa sentence implacable
Aura getté le iuge irreuocable,

ODES

Ne parens, ne deuotions,
Ne rentes, ne poßeßions
Ne flechirons la cruche, ne l'audace
Du nautonnier si bien qu'il nous repaße,
Nautonnier fier qui n'a souci
De poure, ne de prince aussi.
Donc ce pendant que l'age nous conuie
De nous ébatre, égaions nostre uie
Ne uois tu le tens qui s'enfuit,
Et la uieilleße qui nous suit?

A LA SOVRCE DV
Loir

ODE 15.

Source d'argent toute pleine,
Dont le beau cours éternel
Fuit pour enrichir la plaine
De mon païs paternel.

Soi hardiment braue & fiere
De le baigner de ton eau,
Nulle Françoise riuiere
N'en peut lauer un plus beau.

Que

LIVRE IIII.

Que les Muses éternelles
D'habiter n'ont dedaigné,
Ne Phebus qui montre en elles
L'art ou ie suis enseigné.

Qui sur ta riue uelue
Iadis fut enamouré,
De la Nimphe Cheuelue
La Nimphe au beau crin doré.

Et l'atrapa de uistesse
Fuiant le long de tes bords,
Ou il rauit sa ieunesse
Au meilieu de mille efforts.

Si qu'auiourdhui d'elle encores
Immortel est le renom
Dedans un autre, qui ores
Se uante d'auoir son nom.

Fui donques, heureuse source,
Et par Vandôme passant,
Retien la bride à ta course
Le beau cristal effaçant.

Puis saluë mon la Haie

ODES

Du murmure de tes flots,
Qui pour néant ne s'essaie
Vanter l'honneur de ton los.

Si le ciel permet qu'il uiue,
Il conuoira doucement
Les neuf Muses sur ta riue
Pleines d'ebaissement,

De le uoir seul desus l'herbe
Rememorant leurs leçons,
Faire aller ton cours superbe
Honoré par ses chansons.

Va donc, & reçoi ces roses
Que ie repan au giron
De toi source qui aroses
Mon païs à l'enuiron,

Lequel par moi te suplie
En ta faueur le tenir,
Et en ta grace acomplie
Pour iamais l'entretenir.

Ne noiant ses pastourages
D'eau par trop se repandant,

Ne

LIVRE IIII.

Ne deffraudant les ouvrages
Du laboureur atandant,

Mais favorable & utile
Lui riant ioieusement,
Fai que ton onde distile
Par ses champs heureusement,

Ainsi du Dieu venerable
De la mer puisses avoir
Vne acolade honorable
Entrant chés lui pour le uoi..

LE RAVISSEMENT DE
Cephale, diuisé en trois poses.

ODE. 16.

L'iuer, lors que la nuit lente
Fait au ciel si long seiour,
Vne vierge vigilente
S'éueilla dauant le iour :
Et par les palais humides,
Ou les Dieux dormoient enclos,
Hucha les seurs Nereïdes
Qui ronfloient au bruit des flots.

ODES

Sus, reueillez uous pucelles,
Le sommeil n'a iamais pris
Les yeus curieus de celles
Qui ont un euure entrepris.
Cette parolle mordente
Leur front si honteus a fait,
Que ia chascune est ardente
Que l'ouurage soit parfait.

D'une soie non commune,
Et d'un or en Cypre cleu
Elles brodoient à Neptune
Qui mieus mieus un manteau bleu :
Pour mener Thetis la belle
Ou les Dieus sont ia uenus,
Et ou son mari l'appelle
Aus dous presens de Venus.

Au uif traitte i fut la terre
En boule arondie au tour,
Auec la mer qui la serre
De ses braz tout alentour:
Au meilieu d'elle un orage
Mouuoit les flots d'ire pleins,
Palles du futur naufrage
Les mariniers estoient peins.

Desarmée

Desarmée est leur nauire
Du haut iusqu'au fondement,
Çà & là le uent la uire
Cruë à son commandement,
Le ciel foudroie, & les flammes
Tumbent d'un uol écarté,
Et ce qui reste des rames
Uont léchant de leur clarté.

La mer pleine d'inconstance
Bruit d'une boullonnante eau,
Et toute dépite tance
Les flancs du uaincu bateau.
D'une soie & noire, & perse,
Cent nuës entrelassoient,
Qui d'une longue trauerse
Tout le serein effaçoient.

Si que la pluie, & la grélle,
Le uent, & les tourbillons,
Se menacent pelle melle
Sur les humides sillons.
Les bords en uois effroiantes
Crient, d'estre trop laués,
Des tempestes aboiantes
Autour de leurs piés caués.

Neptune i fut peint lui méme
Brodé d'or, qui du danger
Tirant le marinier bléme
L'eau en l'eau faisoit ranger.
Les troupes de la mer grande,
Sont leur prince environnans
Palæmon, Glauce, & la bande
Des Tritons bien resonnans.

Lui, les brides abandonne
A son char, si qu'en glissant
Sur la mer, ses lois il done
Au flot lui obeissant:
Et se iouant desus l'onde
Se montre seul gouuerneur,
Et Roi, de l'humide monde
Qui s'encline à son honneur.

Elles finoient de portraire
De uerd, de rouge, & uermeil,
L'arc qui s'enflamme au cõtraire
Des sagettes du souleil,
Quand Naïs de sa parolle
Feit ainsi resonner l'air,
Auec sa uoix douce, & molle
Le sucre sembloit couller.

LIVRE IIII.
Seconde pose.

[R]eueillez vous belle Aurore,
[L]ente au lit vous sommeillez:
[E]t auecque vous encore
[L]e beau matin reueillez:
[A]insi le dolent Cephale
[V]ous soit amiable, & dous,
[E]t laissant sa femme palle
[D]aigne aller auecque vous.

[L]e fils de Venus, compaignes,
[L]e cruel archer qui peut
[E]t bois, & eaus, & cãpaignes,
[E]nflenner d'amour quand il ueut
[D]'une ruse deceptiue
[N]ostre Aurore enamoura,
[S]i bien que d'elle captiue
[L]es trophées honora.

[E]lle qui a de coutume
[D]'allumer le iour, uoulant
[R]allumer, elle s'allume
[D]'un brandon plus uiolant:
[P]assant les portes decloses
[D]u ciel, elle alloit dauant

ODES

Cà & là uersant ses roses
Au sein du souleil leuant.

Son teint de nacre, & d'iuoire
Le matin embellissoit,
Et du comble de sa gloire
L'Orient se remplissoit:
Mais amour en son courage
N'endura de la uoir là,
Ains surmonté de sa rage
Par ses roses se mella.

Contre la belle s'efforce,
Et lui tenant les yeus bas,
Lui feit uoir d'enhaut par force
Ce que uoir ne deuoit pas.
Elle uit dans un bocage
Cephale par mi les fleurs,
Faire un large marescage
De la pluie de ses pleurs.

O ciel, disoit-il, ô parque
Auancez mon iour dernier,
Et m'enuoiez en la barque
De l'auare nautonnier,
Ie hai de uiure l'enuie,

LIVRE IIII.

e monde m'est odieus:
uis que i'ai tué ma uie
 quoi me gardent les Dieus?

 Iauelot execrable
u m'es témoin auiourdui,
u'on ne uoit rien de durable
n ce monde que l'ennui.
insi disant il se pasme
ur le cors qui trépassoit,
t les reliques de l'ame
e ses leures amassoit.

 Aurore au dueil de sa plainte
al saine perd sa couleur,
t toute se sent étrainte
es laz de méme douleur:
ar une nouuelle porte
n elle le dard uainqueur
ntra d'une telle sorte,
u'il se feit Roi de son cueur.

es mouëlles sont ia pleines
'un appetit dereglé,
t nourrist au fond des ueines
n feu d'amour aueuglé,

ODES

Ia le ciel elle déprise,
Et plus d'aimer n'a souci
De Titon la barbe grise,
Ne les blancs cheueus aussi.

Cephale qui lui retourne
En l'ame pour l'offenser,
Au plus haut sommet seiourne
De son malade penser,
Et dedans l'ame blessée
La fieure lui entretient
Ores chaude, ores glacée,
Selon que l'accés la tient.

En uain elle dissimule
Ne sentir le mal qui croist,
Car la flamme qui la brulle
Claire au uisage apparoist:
Au pourpre que honte allume
Par raions dedans son teint,
On uoit qu'outre sa coutume
Son cueur est pris & ateint.

Si tost par la nuit uenue
Les cieus ne sont obscurcis,
Qu'el se couche à terre nue

Sans

LIVRE IIII.

Sans abaisser les sourcis,
Car l'amour qui l'eguillonne
Ne soufre que le dormir
En proie à ses yeus se donne:
Elle ne fait que gemir.

Et bien que de loin absente
De l'absent Cephale soit,
Comme s'elle étoit presente
En son esprit l'aperçoit:
Ores pronte en ceci pançe,
Et ores pance en cela,
Sa trop constante inconstance
Ondoie deça & la.

Mais quand le paresseus uoile
De la nuit quitte les cieus,
Et que nulle & nulle étoille
Plus ne se montre à nos yeus,
Elle fuit escheuellée
Portant bas le front & l'oeil,
Et par bois & par uallée
Lasche la bride à son dueil,

D'herbes, l'ignorante essaie
De donter le mal enclos,

ODES

Mais pour neant, car la plaie
Est ia compaigne de l'os.
Aus augures ell' prend garde,
Aus charmeurs, & à leurs uers,
Ou bien en béant regarde
Le fond des gesiers ouuers:

Pour uoir si en quelque sorte
Pourra tromper sa douleur,
Mais nulle herbe tant soit forte
N'a diuerti son malheur:
Car le mal qui plus s'encherne
Et moins ueut estre donté,
Les uagues brides gouuerne
Du cueur par lui surmonté.

Amour qui causa la peine
De telle ardante amitié,
La uoiant d'ennui si pleine
En eut lui méme pitié,
Et guidant la foible Aurore
La meine ou Cephale étoit,
Qui sa femme morte encore
A longs soupirs regretoit.

L' éhontée maladie

LIVRE IIII.

La vierge tant pressa là,
Qu'à la fin toute hardie
A Cephale ainsi parla:
Pourquoi pers tu de ton âge
Le printens à lamenter
Une froide & morte image
Qui ne peut te contenter?

Elle à la mort fut sugette,
Non pas moi le sang des Dieux,
Non pas moi Nimphe qui iette
Les premiers raions aus cieus:
Reçoi moi donques, Cephale,
Et ta basse qualité,
D'un étroit lien égalle
A mon immortalité.

Lui dedaignant sa priere
Fuit la supliante vois,
Et tout dépit en arriere
S'écarta dedans les bois:
Elle comme amour la porte
Volle apres, & çà & là
Le presse, & ia sa main forte
Dedans ses cheueus elle a.

Puis le souleuant, le serre
Comme un prisonnier donté,
Et lui faisant perdre terre
Par force au ciel l'a monté,
Ou auecques lui encores
Est maintenant à seiour,
Et bien peu se soucie ores
De nous allumer le iour.

Tierce pose.

Ainsi l'une de la bande
Mettoit fin à son parler,
Quand le Dieu marin demande
Sa robe pour s'en aller,
D'elle richement s'abille
S'agensant de mains, & d'yeus,
Pour mener en point sa fille
A l'assemblée des Dieus,

Ou Themis la grand prestresse,
Pleine d'un esprit ardant
La tirant hors de la presse
Lui dist en la regardant:
Bien qu'Inon soit ta compaigne,
Reçoi pourtant doucement

Ton

LIVRE IIII. 133

Ton mari, & ne deddigne
Son mortel embrassement.

Ains que soit la lune entiere
Dix fois, tu dois enfanter
Vn qui donnera matiere
Aus Poëtes de chanter.
Le monde pour un tel homme
N'est pas assés spatieus,
Ses uertus reluiront comme
Les étoiles par les cieus.

Il passera de uitesse
Les lions, & nul soudart
Ne trompera la rudesse
De son homicide dard:
Pront a suiure comme foudre
Sa main au sang souillera
De Telephe, & en la poudre
Ses longs cheueus touillera.

Et si fera uoir encore
Tant ses coups seront pesans,
Au noir enfant de l'Aurore
Les enfers dauant ses ans:
Et apres auoir de Troie

ODES

Le fort rampart abatu,
Ilion sera la proie
Des Grecs, & de sa uertu.

A RENE D'VRVOI.

ODE 17.

Ie n'ai pas les mains apprises
Au métier muet de ceus,
Qui font une image assise
Sus des piliers paresseus.

Ma painture n'est pas mue
Mais uiue, & par l'uniuers
Guindée en l'air se remue
De sus l'engin de mes uers.

Auiourdui faut que i'ataigne
Au parfait de mon art beau,
Vruoi m'a dit que ie paigne
Ses uertus en ce tableau.

Muses, ouurez moi la porte
De uostre cabinet saint,
Affin que de là i'apporte

Les

LIVRE IIII.

Les trais dont il sera paint.

Si ma boutique estoit riche
De hanas, ou uaisseaus d'or,
Vers toi ie ne seroi chiche
Des plus beaus de mon tresor.

Et si te seroie encore
D'une main large baillant,
Les trepiés dont Grece honore
Le Capitaine uaillant.

Mais ie n'ai telle puissance,
Puis tu n'en as point besoin:
Ta contente sufisance
Les repousseroit bien loin.

Les uers sans plus t'eiouissent,
Mes uers donq ie t'ofrirai,
Les uers seulement iouissent
Du droit que ie te dirai.

Les Colonnes eleuées,
Ne les marbres imprimés
De grosses lettres grauées,
Ne les cuiures animés,

ODES

Ne font que les hommes uiuent
En images contrefais,
Comme les uers qui les fuiuent
Pour témoins de leurs beaus fais.

Si la plume d'un Poëte
Ne fauorifoit leur nom,
Leur uertu feroit muete,
Et fans langue leur renom.

Du grand Hector la memoire
Fuſt ia morte, fi les uers
N'euffent empané fa gloire
Voletant par l'uniuers.

De mile autres l'excellence,
Et l'honneur eſt abatu:
Toufiours l'enuieus filence
S'arme contre la uertu.

Les plumes doctes & rares
Iufqu'au ciel ont enuoié
Araché des eaus auares
Achille prefque noié.

C'eſt la Mufe qui engarde

Les

LIVRE IIII.

Les bons de ne mourir pas,
Et qui nos talons retarde
Pour ne deualer la bas.

La Muse l'enfer defie,
Seule nous éleue aus cieus
Seule nous beatifie
Ennombrés aus rengs des Dieux.

A SA MVSE.
ODE. 18.

Plus dur que fer, i'ai fini mon ouurage,
Que l'an dispost à demener les pas,
Ne l'eau rongearde ou des freres la rage
L'iniuriant ne ruront point à bas :
Quand ce uiendra que mon dernier trespas
M'asouspira d'un somme dur : à l'heure
Sous le tumbeau tout Ronsard n'ira pas
Restant de lui la part qui est meilleure.
Tousiours tousiours, sans que iamais ie meure
Ie uolerai tout uif par l'uniuers,
Eternizant les champs ou ie demeure
De mon renom engreßés & couuers :
Pour auoir ioint les deus harpeurs diuers

ODES

Au dous babil de ma lire d'iuoire,
Se connoissans Vandomois par mes uers.
Sus donque Muse emporte au ciel la gloire
Que i'ai gaignée annonçant la uictoire
Dont à bon droit ie me uoi iouissant,
Et de ton fils consacre la memoire
Serrant son front d'un l'aurier uerdissant.

Fin du quatriéme liure des Odes de Pierre
de Ronsard Vandomois.

ΣΩΣ Ο ΤΕΡΓΑΝΔΡΟΣ.

Le Bocage.

AVANT ENTREE DV ROI
Trefcreftien à Paris, L'an 1 5 4 9.

Voici uenir d'Europe tout l'honneur,
Ouure les bras Paris, plein de bon heur
Pour embrasser ton Roi qui te decore,
Et du parfait de ses uertus t'honore.
Heureus Paris, le tresor de ta gloire
Sera pendu au temple de Memoire,
Tant tu auras de bien & de grand heur,
Aiant receu d'Europe la grandeur.
Iô Paris, éleue au ciel ta porte,
Voi arriuer ton Roi qui te r'apporte
La uierge Aftrée, & sa belle sequelle
Qui s'enuolla de ce monde auec elle.
Ne la uoi-tu comme elle prend sa place
A son retour dans le sein & la face
De noftre Roine, en qui le ciel contemple
Du urai honneur le portraict & l'exemple?
Et qui en toi un beau iour déplira
Quant par ta rue en triumphe elle ira?
C'est celle la dont Arne est orgueilleus,

LE BOVCAGE.

Et qui son nom d'un haut bruit merueilleus
Contre les murs de Florence resonne:
C'est celle là qui l'espoir nous redonne
De uoir bien tost le beau lis de rechef
Dans l'Italie encor dresser le chef.

 Sus donq Paris regarde quel doit estre
Ton heur futur, en adorant ton maistre,
Ton nouueau Dieu, dont la diuinité
T'enrichira d'une immortalité.

 Comme Tyrinthe est le propre heritage
Du grand Hercule, & de Iunon, Carthage:
Ainsi Paris tu seras desormais
Du Roi Henri la uille pour iamais,
Et dedans toi les estrangers uiendront
Baiser son temple & leurs ueus lui rendront.

 A sa uenue il semble que la terre
Tous ses tresors de son uentre deserre,
Et que le Ciel ardentement admire
Leurs grands beautés, ou d'enhaut il se mire
Enamouré, & courbe tout exprés
Ses larges yeus pour les uoir de plus pres.

 Telle saison le uieil age eprouua,
Quant le Chāos demellé se trouua,
Et de son poix la terre balancée
Fut des longs doits de Neptune embrassée,
Lors que le Ciel se uoutant d'un grant tour

         Emmantela

LIVRE V.

Emmantela le monde tout autour.
Ia du Soleil la tiede lampe alume
Un autre iour plus beau que de coustume.
Ia les forests ont pris leurs robes neuues,
Et moins enflés glissent aual les fleuues,
Hastés de uoir Thetys qui les attent,
Et à ses fils son grand giron estend.
Entre lesquels la bien heureuse Seine
En floslotant une ioie demeine,
Peigne son chef s'agence, & se fait belle
Et d'un hault cri son nouueau Prince appelle.
Iō Paris, uoici le iour uenir
Dont nos néueus se doiuent souuenir,
Et dans lequel seront apparoissans
Et Arcs, & Traits, & Carquois, & Croissans,
Qui leur rondeur parfaicte rempliront,
Et tout le cerne en brief accompliront,
A celle fin que leur splendeur arriue,
De l'Ocean à l'une & l'autre riue.
Au iour sacré de la Roialle entrée
Que la Princesse en drap d'or acoustrée
Braue apparoisse, & la Bourgeoise face
Tous les amours nicher dedans sa face.
Que du plus haut des fenestres on rue
Les lis, les fleurs, les roses en la rue
De ça & la: Que le peuple ne uoie

ſ

LE BOCAGE

Sinon pleuuoir des odeurs par la uoie.
Qu'on chante iö, que la solennité
Soit egallée à sa diuinité.

   Cnose iadis ainsi pompeusement
Reçeut son Prince, alors qu'heureusement
Pour son partage il occupa les cieus,
Et qu'il fut Roi des hommes, & des Dieus.

   D'un ordre egal en triumphe exaltée
Aloit dauant la corne d'Amalthée,
Aueq' loiseau qui par tout l'uniuers
Porte des Dieus les prodiges diuers.

   Au grand Henri puissen'ils se monstrer
Du bon costé qui les faut rencontrer,
Lors qu'il se rue au meilieu des dangers,
Brisant l'honneur des soudars estrangers.

   I'enten desia les trompettes qui sonnent,
Et des uainqueurs les louanges resonnent.
Ie uoi desia flamboier les harnois,
Et les cheuaus courans par les tournois
Leurs opposés brauement mépriser,
Et iusqu' au ciel les lances se briser.

   Là, les faueurs des Dames peu uauldront:
Là, les plastrons pourneant deffendront
Le combatant, qu'il ne brunche par terre,
Si mon grand Roi de sa lance l'enferre:
Car le ciel ueut qu'il emporte le pris,

                             Et

LIVRE V.

Et de bien loing passe les mieus appris.

Mais qui sont ils ces Chevaliers vaillans
Qui tiennent bon contre tous assaillans,
Brulés de gloire & d'ardeur d'éprouver
Si un plus fort se pourroit point trouver?
Soit l'Espagnol aus armes fier & brave,
Ou cestui-là que la Tamise laue.

A voir de l'un la force souveraine
Ie reconnoi la gloire de Lorraine,
L'honneur d'Aumalle, en qui luit en la face
Tout ce que peut la nature & la grace,
Et qui naguere a ioint auec' le sien,
Du bon Roger le sang tant ancien.

Sus donc Seigneurs, la terreur des humains,
Le los de France est ores en uos mains,
Nul Chevalier, fust il Roland, ne vienne
Tanter uos bras, qu'il ne lui en souvienne,
Affin qu'il porte aus nations estranges
Dessus son dôs écrites uos louanges.

Et toi Henri triumphe à la bonne heure,
Haste tes pas, trop longue est ta demeure:
Vien uoir Paris la grand' cité roialle,
Et de ta Gent la foi serue & loialle.
Vien uoir ses ieus, & tout ce qu'elle apreste
Pour celebrer de ta grandeur la feste.

Facent les cieus que ta puissance greue

S ij

LE BOCAGE

De laurier, fust il premier
Aus guerres victorieuses.

La poësie est un feu consumant
Par grand ardeur l'esprit de son amant,
  Esprit que iamais ne laisse
  En repos tant elle presse,
Voila pourquoi le ministre des dieus
Vit sans grands biens, d'autant qu'il aime mieus
  Abonder d'inuentions
  Que de grands possessions.

Mais Dieu iuste qui dispense
Tout en tous, les fait chanter
Le futur en recompense
Pour le monde épouanter.
Ce sont les seuls interpretes
Des urais Dieus que les poëtes:
Car aus prieres qu'ils font
L'or aus Dieus criant ne sont,
Ni la richesse qui passe:
Mais un luc tousiours parlant
L'art des Muses excellant
Pour dessus leur rendre grace.

Que dirons nous de la musique sainte,

LIVRE V.   140

Si quelque amante en a l'oreille atteinte
   Lente en lermes goutte à goutte
   Fondra sa douce ame toute,
Tant la douceur d'une armonie eueille
D'un cueur ardant l'amitié qui someille,
   Au uif lui representant
   Son tout, par ce qu'elle entent.

La nature de tout mere,
Preuoiant que nostre uie
Sans plaisir seroit amere,
D'inuenter elle eut enuie
La musique, & l'inuentant
Alla ses fils contentant
Par le son, qui loin nous gette
L'ennui de l'ame suiette,
Pour l'ennui mesme donter:
Ce que l'Emeraude fine
Ni l'or tiré de sa mine
N'ont la puissance d'outer.

Sus muses sus, celebrez moi le nom
Du grand Apelle immortel de renom,
Et de Zeuze qui paignoit
Si au uif, qu'il contraignoit
L'esprit raui du pensif regardant
A s'oublier soi mesmes, ce pendant
      S iiij

LE BOCAGE

Si bien l'Anglois, que plus il ne releue:
Et que ton bras renuoie par deça
Le grand tresor qu'un Roi Ian lui laissa.
S'ainsi aduient i'animerai ta gloire,
Et publirai le gaing de ta victoire
Faisant uoler ton renom nompareil:
Ou, d'un plain sault le renaissant Soleil
Monte à cheual, & là, ou il attache
Ses las coursiers qu'aus fons des eaus il cache.

A SON LVC.

Si autrefois sous l'ombre de G tine
Auons ioué quelque chanson Latine
  D'Amarille enamouré,
  Sus, maintenant Luc doré,
Sus l'honneur mien, dont la uois delectable
Sçait reiouir les Princes à leur table
  Change ton stile, & me sois
  Sonnant un chant en François.

Tes nettes & saintes cordes
Ne seront par moi polues
De chansons salles & ordes
D'un tas d'amours dissolues:
Ie ne chanterai les Princes,
Ne le soin de leurs prouinces,

Ni moins

LIVRE V.

Ni moins la nau que prepare
Le marchant (las trop) auare
Pour aller d'elle chercher,
En la mer rouge les pierres,
Voire aus plus lointaines terres
Iusqu'au cueur de leur rocher.

Tandis que'n l'air ie soufflerai ma uie,
Sonner Phebus i'aurai tousiours enuie,
    Et ses compaignes aussi,
    Pour leur rendre un grand merci
De m'auoir fait Poëte de nature,
Idolatrant la musique, & peinture,
    Prestre saint de leurs chansons
    Qui accordent a tes sons.

L'enfant que l'amie muse
Naissant d'oeil benin a ueu,
Et de sa science infuse
Son ieune esprit à pourueu,
Tousiours en sa fantaisie
Ardera de poësie
Sans pretendre un autre bien,
Encore qu'il combatit bien.
Iamais les muses peureuses
Ne uoudront le premier

LE BOCAGE

Que l'oeil humoit à longs trais
La douceur de leurs portrais.

C'est un celeste present
Transmis çà bas ou nous sommes,
Qui regne encor à present
Pour leuer en haut les hommes:
Car ainsi que Dieu a fait
De rien le monde parfait,
Il ueut qu'en petite espace
Le paintre ingenieus face
Alors qu'il est agité,
Sans auoir nulle matiere
L'aer, la mer, la terre entiere
Instrument de deité.

On dit, celui qui r'anima les terres
Vides de gens par le gét de ses pierres
(Origine de la rude
Et grossiere multitude)
Auoir aussi des diamans semé
Dont tel ouurier fut portrait et formé,
Son esprit faisant connoistre
L'origine de son estre.

Dieus de quelle oblation

Aquiter

LIVRE V. 141

A quiter uers uous me puis-ie,
Pour remuneration
Du bien receu qui m'oblige?
Certes ie suis glorieus
D'estre ainsi ami des Dieus,
Lesquels m'ont fait receuoir
Le meilleur de leur sçauoir
Pour me paistre, & m'en nourrir,
Et d'eus mon luc tu t'attens
Viure ça bas en tout tens
Non de moi qui doi mourir.

O de Phebus la gloire, & le trophée
De qui iadis le Thracien Orphée
    Faisoit arrester les uens,
    Et courre les bois suiuens,
Ie te salue, ô luc armonieus
Raclant de moi tout le soin enuieus
    Et de mes amours trenchantes
    Les peines, lors que tu chantes.

A CASSANDRE

Si cet enfant qui erre
Vagabond par la terre
Auecques le carquois

LE BOCAGE

Frere de l'arc turquois,
Arc qui me point & mord?
Auoit son flambeau mort,
Allumé dans l'aleine
Du Geant, qui à peine
Tient le mont enuoié
Sur son dos foudroié,
Et m'en eust en dormant
Bruslé le cueur amant,
Comme (flamme indiscrete)
A la Roine de Créte.
Encor ne m'auroit tant
Bruslé sa flamme étant
Reprise en son flambeau,
Que ton visage beau,
Que ta bouche qui semble
Roses, & lis ensemble,
Que tes noirs yeus lascifs,
Armés d'archiers sourcis,
Qui mille fleches tirent
Dans les miens, qui se mirent
En ta face ô pucelle,
Me plaisant plus que celle
Qui dedaignant Tithon,
Au matin la uoit-on
Paindre de mille roses

Ses

barrieres decloses.

D'VN ROSSIGNOL abusé.

En Mai, lors que les riuieres
Enflent leurs ondes fieres
De la nége de l'iuer,
Et que l'on uoit arriuer
Le beau signe qui r'assemble
Les amoureus ioints ensemble:
Auquel la clarté naissant,
Sur un bateau perissant,
Le uent se couche, & la mer
Engorge son flot amer,
Le marinier soucieus
Prenant un front plus ioieus.
Donc, au retour de ce tens
Que tout rit sous le printens,
Le rossignol passager,
Estoit uenu r'assieger
La forteresse ramée,
De son caquet animée:
Soit qu'il uoulust chanter
Amour, ou le lamanter,
Passit, si l'antiquité

LE BOCAGE

Chenue dit verité,
Sur un buis, dont s'écartoit
Un ruisseau qui cler partoit,
Chantant de vois si sereine,
Si gaie, si souueraine,
Que les chénes bien oiants,
Et les pins en bas ploiants
Leurs oreilles pour l'ouir
S'en voulurent réiouir.
Cétte nimphe sonoreuse
Du fier enfant amoureu͠e,
Iusqu'au ciel le chant rapporte,
Redoublant la vois, de sorte
Que les rochiers d'eaus laués,
Et leurs piés d'elles caués,
Le ciel feirent assés seur
De la champestre douceur.
Mais lui qui écoute un son
Tout semblable à sa chanson,
Puis voiant son ombre vaine
Remirée en la fontaine,
Pense que son ombre étoit
Un oiseau qui mieus chantoit.
Amour de gloire obstinée
Auec toute beste est née,
Voulant demeurer le maistre

Et

LIVRE V. 143

Et de soi le uaincueur estre,
Plus haut que dauant il sonne,
Plus haut le bois en resonne.
Il dit, & chante comment
Il fut témoin du torment
Que la ialouse receut
Sous faint nom qui la deceut:
Et comme le cheualier
Au iauelot singulier,
Se páma desus la face
Que déia la mort efface,
Appellant plus tost les Dieus,
Et les astres odieus,
Plustost auecque grands cris
Comblant l'air de sa Procris,
Dépitoit le nom semblable,
Et le uent du fait coulpable.
Il uouloit encore dire
De Clitie le martire,
Lors que les nimphes des bois
D'aise ne tenans leurs uois,
A se mocquer commencerent
Et le mocquant l'offencerent,
Lui qui à bien aperceu
Les oiant qu'il est deceu,
T'aignit tant ire le donte

LE BOCAGE

Ses ioües d'honeste honte,
Si que rompant uîte en l'air
Le uide par son uoler:
Tellement se disparut
Qu'onques puis il n'apparut.
Qui est mieus semblable à toi
Petit rossignol que moi?
Tous deus des nimphes ensemble
Sommes trompés ce me semble,
Toi de ton chant, moi du mien,
Ainsi nous nuît nostre bien.
Car uers, ne chansons écrites,
Ne rimes tant soient bien dites,
N'ont rompu la cruauté
D'une, de qui la beauté
Me lime iusques au font
Le cueur qui en flammes fond.
Mais ô déesse dorée
Des beaus amans adorée:
Liure la moi quelque iour
Dedans un lit à seiour,
Affin qu'ell' me baise & touche
Qu'el' me mette dans la bouche
Ie ne sçai quoi, dont enuie
Ait dépit toute sa uie
Qu'ell' me serre, qu'ell' m'enchéne

(Comme

[omme] un l'hierre le chêne,
[ou] la uigne les ormeaus)
[S]on col, de ses braz iumeaus.

A GASPAR
d'Auuergne.

[s]ion constants, & ne prenon souci,
[q]uel iour suiuant poussera cetui-ci,
[i]etton au uent mon Gaspar, tout l'affaire
  Dont nous n'auons que faire.

[p]ourquoi m'irai-ie enquerre des Tartares,
[o]u des païs étranges, & barbares,
[q]uant à grand peine ai-ie la connoissance
  Du lieu de ma naissance?

[A] propos, l'ignorant
[V]a tousiours discourant
[L]e ciel plus haut que lui:
[c]âs malheur sur les hommes,
[M]ais certes nous ne sommes
[Q]ue pour nous faire ennui.

[C]'est se mocquer de genner & de poindre
[L]e bas esprit des hommes, qui est moindre

LE BOCAGE

Que les conseils de Dieu, ou de penser
    Sa volunté passer.

Tousiours en lui metton nostre esperance,
Et en son fils nostre ferme asseurance,
Quant à la reste alon auec le tens
    Heureusement contens.

A l'homme qui est né,
Peu de tens est donné
Pour se rire, & se batre.
Nous l'auons, ce pendant
Que uas tu attendant,
Vn bon iour en uaut quatre.

Soit que le ciel, de foudres nous dépite,
Ou que la terre en bas se precipite,
Soit que la nuit deuienne iour qui luit,
    Et le iour soit la nuit.

Ie n'en aurai iamais fraieur, ne crainte,
Comme asseuré, que la pensée sainte
De l'eternel gouuerne en equité
    Ce monde limité.

Le seigneur de la haut,
                   Connoist

LIVRE V.

[c]onnoist ce qu'il nous faut
[m]ieus que nous tous ensemble,
[s]ans nul égard d'aucun,
[e]t départ à chacun,
[t]out ce que bon lui semble.

[I]e t'apprendrai, si tu ueus m'écouter
[c]omment l'ennui mordant se peut outer,
[e]t tout ce qu'à la tristesse auec elle,
   D'importune sequelle.

[T]u ne seras couuoiteus d'amasser,
[c]ela dequoi tu te peus bien passer,
[c]omme tresors, honneurs, & auarices,
   [E]scolles de tous uices.

[C]ar c'est plus de refraindre
[s]on desir, que de ioindre
[l]'Ourse, au midi ardent,
[o]u l'Auuergne pierreuse,
[à] l'Arabie heureuse,
[o]u l'Inde à l'Occident.

[T]u dois encor euiter ce me semble
[f]aueur des Rois, & des peuples ensemble,

LE BOCAGE

De ces mignons, tousiours quelque tempeste,
Vient foudroier la teste.

Ce n'est pas tout, auecques prouidence
Fai un ami, dont l'heureuse prudence
Te seruira de secours necessaire
    Contre l'heure auersaire.

Ton cueur bien preparé,
De force r'emparé,
En la fortune auerse
Patience prendra:
En la bonne, craindra
Que l'heur ne le renuerse.

Apres l'iuer, la saison uariable
Pousse en auant le printens amiable:
Si auiourdhui nous sommes soucieus,
    Demain nous serons mieus.

Tousiours de l'arc, l'iré Phebus ne tire
Pour enuoier aus Grecs peste, & martire,
Acunefois tout paisible, réueille
    La harpe qui sommeille.

En orage outrageus
                  Tu

LIVRE V.

Tu seras courageus,
Puis si bon uent te sort,
Tes uoiles trop enflées
De la faueur souflées,
Conduiras, sage, au port.

Apres auoir prié, deuotieus,
Les deus iumeaus qui decorent les cieus,
Desquels le feu, flamboira sur ta teste
    Vaincueur de la tempeste.

L'un escrimeur, en uers tu décriras,
L'autre donteur des cheuaus tu diras,
Ou pour leur seur le combat merueilleus,
    Des deus Rois orgueilleus.

A LVI MESME

Que tardes-tu, ueu que les Muses
T'ont élargi tant de sçauoir,
Que plus souuent tu ne t'amuses
A les chanter, & que tu n'uses
De l'art quell' t'ont fait reçeuoir?
Tu as le tens qui faut auoir,
Repos d'esprit, & patience,
Dous instruments de la sçience?

LE BOCAGE

Et toutefois l'heure s'enfuit
D'un pié leger & diligent,
Sans que ton esprit negligent,
Face apparoistre de son fruit.

On ne voit champ tant soit fertil
S'il n'est poitri du labourage,
Qu'à la fin ne vienne inutil,
Voire & le champ ioignant fut-il
Du Nil l'Aegyptien riuage:
Tant soit un cheual de courage,
Et coutumier à surmonter,
S'on est long tens sans i monter
Il deuient rosse, & fort en bride:
Ainsi des Muses l'écriuain,
S'il les delaisse, hêlas en vain
Il les inuocque apres pour guide.

L'orfeure de tenir n'a honte
Les instrumens de son métier,
Son plaisir sa peine surmonte,
Tellement qu'il feroit grand conte
Estre oisif un iour tout entier:
Ton art le passe d'un cartier,
Quoi? Voire du tout ce me semble,
Toutefois encre & plume ensemble

Tu

Tu crains paresseus à toucher.
D'orenauant écri, compose:
La louange pour peu de chose
S'achette, & qu'est il rien plus cher!

Mainte uille iadis puissante
Est ores morte auec son nom,
Enseuelie, & languissante,
Et Troie est encor florissante
Comme un beau printés, en renom:
Bien d'autres Rois qu'Agamemnon,
On fait reluire leur uertu,
Et si sont morts, car ils n'ont'u
Vn Homere, qui mieus qu'en cuiure,
En medaille, en bronce, ou tableau,
Les eust arrachés du tumbeau,
Faisant leur nom uiure, & reuiure.

CHANT DE FOLIE
à Bacchus

Delaisse les peuples uaincus
Qui sont sous le lit de l'Aurore,
Et la uille, qui ô Bacchus,
Ceremonieuse t'adore

LE BOCAGE

De tes tigres tourne la bride
En France, ou tu es inuocqué
Et par l'air ton chariot guide
Dessus en pompe collocqué.

Que cette feste ne se face
Sans t'i trouuer Pere ioieus,
C'est de ton nom la dedicasse
Et le iour ou lon rit le mieus.

Voi-leci ie le sen uenir,
Et mon cueur étonné, ne peut
Sa grand diuinité tenir,
Tant elle l'agite & l'émeut.

Quels sont ces rochiers ou ie uois
Leger d'esprit, quel est ce fleuue,
Quels sont ces antres, et ces bois
Ou seul egaré ie me treuue?

I'enten le bruire des cimbales
Et les champs sonner euoué,
I'oi la rage des Bacchanales
Et le son du cor enroué.

Ici le chancellant Silene

Sus

LIVRE V. 148

...us un tardif asne monté,
...es inconstans Satyres mene
...ui le soustiennent d'un costé.

...u'on boute du uin en la tasse
...oumelier, qu'on en uerse tant
...u'il se répande dans la place,
...u'on mange, qu'on boiue d'autāt.

...moureus, menez uos aimées,
...llez, & dansez sans seiour,
...ue les torches soient allumées
...sques à la pointe du iour.

...s, sus, mignons aus confitures
...e cotignac uous semble bon,
...ous n'aués les dens assés dures
...our faire peur à ce iambon.

...mis à force de bien boire
...epoussez de uous le souci,
...ue iamais plus n'en soit memoire:
...a donques, faites tous ainsi.

...êlas que c'est un dous tourment
...iuure ce Dieu qui enuironne

t iiij

LE BOCAGE

Son chef de uigne est de serment,
En lieu de roialle couronne.

A GASPAR
d'Auuergne

Puis que la mort ne doit tarder
Que pronte uers nous ne paruienne,
Trop humain suis pour me garder
Qu'epouanté ne m'en souuienne,
Et qu'en memoire ne me uienne
Le cours des heures incerténes,
Gaspar, qui aus bords de Viënne
As rebâti Rome, & Athénes.

En uain l'on fuit la mer qui sonne
Contre les goufres, ou la guerre,
Ou les uents mal seins de l'Autonne
Qui soufflent la peste en la terre:
Puis que la mort qui nous enterre
Ieunes nous tue, & nous conduit
Auant le tens, au lac qui erre
Par le roiaume de la nuit.

L'auaricieuse nature,
Et les trois seurs filants la uie,

LIVRE V. 149

Se deulent quand la creature
Dure long tens, portant enuie
A la fleur qu'elle ont poursuiuie
La creant rose du printens,
A qui la naissance est rauie
Et la grace tout en un tens.

L'un deuient aueugle, ou éthique,
L'autre n'atant que le Cyprés,
Et celui qui fut hydropique,
Regangne les fieures apres:
Nous sommes humains tout exprés,
Pour auoir le cueur outragé
D'un aigle, qui leuoit d'au pres
Naistre, affin qu'il soit remangé.

Bien tost sous les ombres, Gaspar,
La mort nous guidera subite,
Ne sceptre, ne triumphant char,
Ne font que l'homme resuscite:
Diane son cher Hippolyte
N'entire hors, ains gist parmi
La troupe, on Thesée s'incite
En uain de r'auoir son ami.

L'homme ne peut fuir au monde

LE BOCAGE

Son inconnue destinée,
Le marinier craint la fiere onde,
Le soudart la guerre obstinée,
Et n'ont peur de uoir terminée
Leur uie, sinon en tels lieus,
Mais une mort inopinée
Leur à tousiours fermé les yeus.

De quoi sert donc la medecine,
Et tout le Gaiac étranger,
Vser d'onguents, ou de racines,
Boire bolus, ou d'air changer
Quant cela ne peut alonger
Nos iours cõtés. ou cours-tu Muse?
Repren ton stile plus leger,
Et à ce graue ne t'amuse.

A DIEV POVR LA famine.

O Dieu des exercites,
Qui aus Israëlites
Donnant iadis secours,
Fendis en deus le cours
De la rouge eau salée,
Et comme une ualée

Que

LIVRE V. 150

Que deus tertres épars
Emmurent de deus pars,
Tu fis au milieu d'elle
Une uoie fidelle,
Ou à pié sec parmi
Passa ton peuple ami.
Et puis en renuersant
Le flot obeissant
Sus le Prince obstiné:
Tu as exterminé
Lui, & sa gent noiée
Sous l'onde renuoiée.
Ton peuple errant dela
Aus desers çà & là,
Les ueaus de fonte adore,
Mais pour sa faute encore
Le ciel ne laissa pas
De pleuuoir son repas,
Qu'il receut de ta grace
Par quarante ans d'espace.
O Seigneur, retourne ores
Tes yeus, & uoi encores
Ton peuple languissant,
Ton peuple perissant,
Que la palle famine
(Mort étrange) extermine.

LE BOCAGE

Pere, nous sçauons bien
Selon tes lois, combien
Nos iournalieres fautes
Sont horribles & hautes:
Et uoiant nos pechés
Dont sommes entachés,
Que ceste affliction
N'est pas punition:
Mais nous sçauons aussi,
Que nous aurons merci
Toutes les fois que nous
Flechissans les genous
Et souleuans la face
Demanderons ta grace.
Lâs, ô Dieu, sur nous ueille,
Et de benigne oreille
En cette âpre saison
Reçoi nostre oraison:
Ou bien sus les Tartares,
Turcs, Scytes, & Barbares
Qui n'ont la cognoissance
Du bruit de ta puissance,
O Seigneur hardiment
E'pan se chatiment,
Et ton peuple console
Qui croit en ta parolle,

O ii

LIVRE V.

Ou fai encor renaistre
Les ans du premier estre,
L'age d'or precieus,
Ou le peuple ocieus
Viuoit aus bois sans peine
De glan cheut & de feine.

A CASSANDRE.

Le printens uient, naissez fleurettes
Coupables de mes amourettes,
Vus naissez, & toutes ensemble
Variez par uostre peinture
Un manteau uerd à la nature.

Cassandre, qui tant leur resemble,
Tu crois comme elles, ce me semble,
Et ton petit poil accoursi,
S'alonge en fil d'or auec l'age
Comme un reuerdissant fueillage.

Tu croitras donq pour le souci
De maint peuple, & de moi aussi
Et si feras les fleurs compaignes
Qui croissent à l'enui de toi
Pallir de l'amour comme moi.

LE BOCAGE

Et les eaus baignants les campaignes,
Celles qui tonnent aus montaignes,
Frappant contre leurs bords dolents,
Bruiront leurs amours éternelles
Si ton bel oeil se mire en elles.

Apres maints cours de l'an uolant,
Les cieus pour t'enfanter, uoulant
Se piller eus mesmes, ont pris
Tout le beau uers eus retourné
Et de toi le monde ont orné.

Affin qu'on ne mette à mépris
Mes chants pour t'amour entrepris
Qui les trais de ta beauté suiuent,
Et qui d'un uers laborieus
La font remonter iusqu'au Dieus.

Les beautés iusque au cieus arriuent
Si les Poëtes les décriuent,
Donc Cassandre si tu m'aimois,
Tu apprendrois de main docile,
L'art, & la maniere facile
Des Odes du luc Vandomois.

CONTRE

CONTRE LA IEVNESSE
Françoise corrompue.

Esperons nous l'Italie estre prise,
Ou regaigner par meilleure entreprise
    D'un bras uindicatif,
Le serf butin de nos pertes si amples
Dont l'Espagnol à decoré ses temples
    De sous le Roi captif?
Que telle gloire & loin de l'esperance,
Voiant (ô tens) la ieunesse de France
    A tout uice estre incline.
Outrecuidée en ses fautes se plaît,
Hait l'enseigneur, l'ignorante quell'est
    De toute discipline.
Ni escrimer, combatre à la barriere,
Ne façonner poulins en la carriere
    Peu uertueuse n'ose.
Suit les putains, les naquets, les plaisans,
Et lachement corront ses ieunes ans
    Sans oser plus grand chose.
De telles gens, Charles n'a pas donté
Naples, Venise, & Milan surmonté
    Dessous son iouc rebelle,
Mais d'un soudart braue, uaillant, & fort
Qui de soi mesme alloit hastant sa mort

LE BOCAGE

Par une plaie belle.
Le pigeon uient du pigeon, & la chieure
Naist de la chieure, & le lieure du lieure.
   Le fils tousiours raporte
Le naturel des parens auec lui:
Quel peuple donc pourroit nestre auiourdhui
   De race si peu forte?
La fille preste à marier, accorde
Trop librement sa chanson à la corde
   D'un pouce curieus:
Et ueut encor Petrarque reten'r,
Affin que mieus ell' puisse entretenir
   L'amant luxurieus.
Il n'i a rien que cet age ou nous sommes
N'ait corrompu, il à gâté les hommes,
   Les noces sont poluës:
Des Dieus uangeurs, sans honneur & sans pris
Les temples met l'Alemen à mépris
   Par sectes dissolues.

A IAQVES PELETIER
   du Mans, des beautés qu'il
      uoudroit en s'amie.

Quand ie seroi si heureus de choisir
   Maitresse selon mon desir,
            Sçais-tu

LIVRE V. 153

Sçais-tu quelle ie la prendroi,
Et à qui subiet me rendroi,
Pour la seruir, constant, à son plaisir?

L'age non meur, mais uerdelet encore,
C'est l'age seul qui me deuore
Le cueur d'impatience ateint.
Noirie ueil l'oeil & brun le teint,
Bien que l'oeil uerd toute la France adore.

I'aime la bouche imitante la rose
Au lent souleil de Mai déclose,
Vn petit tetin nouuelet
Qui se fait déia rondelet
Et sur l'iuoire, eleué se repose.

La taille droitte à la beauté pareille,
Et dessous la coiffe une oreille
Qui toute se montre dehors,
En cent façons les cheueus tors,
La ioue egalle à l'Aurore uermeille.

L'estomac plein, la iambe de bon tour
Plaine de chair tout à l'entour
Que uoulontiers l'on tateroit,
Vn sein qui les dieus tenteroit,

LE BOCAGE

Le flanc haussé, la cuisse faite au tour.

La dent d'iuoire, odorante l'aleine,
   A qui s'égaleroit à peine
   Les dous parfum de la Sabée,
   Ou toute l'odeur dérobée
Que l'Arabie heureusement ameine.

L'esprit naif, & naïue la grace,
   La main lasciue, ou qu'elle ambrasse
   L'ami en son giron couché,
   Ou que son luc en soit touché,
Et une uois qui méme son luc passe.

Le pié petit, la main longuette & belle
   Dontant tout cueur dur & rebelle,
   Et un ris qui en decouurant
   Maint diamant, alât ouurant
Le paradis & quiconq' mourroit d'elle.

Quell' sceut par cueur tout cela qu'a chanté
   Petrarque en amours tant uanté,
   Ou la rose si bien décritte,
   Et contre les femmes dépite
Par qui ie fus des enfance enchanté.

                         Quand

LIVRE V.

Quand au maintien inconstant & uolage,
 Folatre & dinne de tel age,
 Le regard errant çà & la,
 Un naturel auec cela
Qui plus que l'art miserable, soulage.

Ie ne uoudroi auoir en ma puissance
 A tous coups d'elle iouissance,
 Souuent le nier un petit
 En amour donne l'appetit,
Et fait durer la longue obeissance.

D'elle le tens ne pourroit m'étranger,
 N'autre amour, ne l'or étranger,
 Ni à tout le bien qui arriue
 De l'Orient à nostre riue
Ie ne uoudroi ma brunette changer.

Lors que sa bouche à me baiser tendroit,
 Ou qu'aprocher ne la uoudroit,
 Faignant la cruelle fachée,
 Ou quand en quelque coin cachée
Sans l'auiser pendre au col me uiendroit.

A VN SIEN AMI FASCHE
de suiure la Court.

Ami, l'ami des Muses

LE BOCAGE

En la Musique expert,
Pour neant tu t'amuses,
Le tens en uain se pert
Menant un dueil apert,
Il uaut mieus que tu iettes
Les mordantes sagettes
Qui ton cueur uont greuant,
Aus Scythes, ou aus Gétes,
Ou encor plus auant.

Ceus à qui point n'agréent
Tes beaus ars tant connus,
Et qui ne se recréent
Dè uoir les Siluans nus,
Et les peres cornus
Pendre au haut d'un rocher
Doiuent bien se facher,
Non toi, dont poëzie
Peut le soin arracher
Hors de ta fantasie.

Et quoi? ie uoi tes yeus
Moites d'un pleur amer:
Soit quand Phebus aus cieus
Vient le iour alumer,
Ou quand dedans la mer

Ses

Ses chevaus il abreuve
Pleurant seul ie te treuve,
La fin de ton malheur,
Puis que rocher, ne fleuve
N'apaise ta douleur.

Donq' la faueur du monde
Te fait desesperer,
Laquelle on peut à l'onde
Iustement comparer,
Qui ne sauroit durer
Vne heure sans orage,
Apren à ton courage
Voler ainsi qu'il faut,
Par cette aile le sage
S'enfuit aus Dieus là haut.

Il est vrai que la Court
Des Princes est aimable,
Mais long tens on i court
Sans fortune amiable.
Sor de là, pitoiable,
Quand la mort se courousse
Sans egard elle pousse
A bas un Empereur,
De la méme secousse

LE BOCAGE

Quell' fait un laboureur.

La vertu qui ordonne
Aus bons immortel nom,
N'a baillé la couronne
De Laurier, pour renom
A nul homme, sinon
Qu'a celui qui n'a garde
De prendre l'or en garde
Viuant du sien contant,
Et à qui le regarde
D'un œil ferme, & constant.

C'est plus de commander
Sur ces affections,
Qu'aus Princes d'amander
De mille nations.
Qui de ses passions
Est maistre, seullement
Celui uit proprement,
N'eust il qu'un toict de chaume,
Et plus asseurement
Qu'un Roi de son roiaume.

Quand nostre uie humaine
Longue en santé seroit,

      Chaqu'n

Chaqu'un à iuste peine
Des biens amasseroit,
Et point n'offenseroit:
Mais pour uie si breue
Faut-il tant qu'on se greue
D'amasser & d'auoir?
Matin le iour s'eleue
Pour mourir sus le soir.

O soin meurtrier, encores
Que l'on s'alast cacher
Outre le chaut de Mores
Tu nous uiendrois chercher
Pour nous nuire & facher:
Le gendarme en sa troupe
Te ua portant en croupe,
Quoi que t'ailles cachant
Iusque au fond de la poupe
Compaignon du marchant.

Puis que soin, & enuie
Et couuoitise forte,
Sont bourreaus de la uie
De l'homme qui les porte,
Mon ami ie t'enhorte

LE BOCAGE

De les chasser, entens
A te donner bon tens,
Fui les maus qui t'ennuient,
Qu'esse que tu atens?
Les ans legers s'enfuient.

Le tens bien peu durable
Tout chauue par derrire,
Demeure inexorable
Si franchist sa cariere.
L'infernale portiere
Hoche de main écale
La grand cruche fatale,
Soit tost, ou tard, le sort
Viendra uers toi tout pale
Pour t'anonsser la mort.

Donques un iour ne laisse
Voler sans ton plaisir,
L'importune uieillesse
Court tost pour nous saisir:
Tandis qu'auons loisir
Tes amours anciennes
Chanton auecq' les miennes,
Ou bien si bon te semble
N'entonnon que les tiennes

Sur.

Sur nos fleutes ensemble.

Pour tuer le souci
Qui rongoit ton courage,
Assison nous ici
Sur ce mignard ombrage:
Voi prés de ce riuage
Quatre nimphes qui uiennent,
A qui tant bien auiennent
Leurs corsets simplement,
Et leurs cheueus qui tiennent
A un neud seulement?

Hê quel pasteur sera-ce
Qui au prochain russeau
Ira rincer ma tasse
Quatre, ou cinq fois en l'eau?
D autant, ce uin nouueau
Efface les ennuis,
Et fait dormir les nuis,
Autrement la memoire
De mes maus ie ne puis
Etrangler qu'apres boire.

LE BOCAGE
A SON RETOVR DE
Gascongne uoiant de
loin Paris.

Deus, & trois fois, heureus ce mien regard,
Duquel ie uoi la uille, ou sont infuses
La discipline, & la gloire des Muses,
C'est toi Paris que Dieu conserue, & gard:
C'est toi qui as de science, auec art
Endoctriné mon ieune age ignorant,
Et qui chez toi par cinq ans demeurant
L'as alaicté du laict qui de toi part.

Combien ie sen ma uie heureuse en elle
En te uoiant, aupris de ces monts blancs
Qui ont l'échine, & la teste, & les flancs
Chargés de glace, & de nége éternelle:
Ie uoi desia la bande solennelle
Du saint Parnase en auant s'approcher,
Et me baiser, m'accoler, & toucher,
Me r'appellant à son estude belle.

De l'autre part ma librérie, hêlas,
Grecque, latine, espaignole, italique,
En me tansant d'un front melancolique
Me dit, que plus ie n'adore Pallas.

LIVRE V.   158

Vn milion d'amis ne seront las
Deus iours entiers de me faire la feste,
Vn Peletier qui à dedans sa teste
Muses, & Dieus, les Nimphes, & leurs lacs.

Daurat, reueil de la science morte,
Et mon Berger qui s'est fait gouuerneur
Non de troupeaus, mais de gloire, & d'honneur
Tiendra mon col lassé d'une main forte:
Tel iour heureus qui tant d'aise m'apporte
Soit par mes uers iusqu'au ciel coloqué,
Et sur mon cueur d'un blanc trauers merqué,
A celle fin que iamais il n'en sorte.

Mon Oradour, ne Maclou ni sont mie,
L'un est allé à Romme pour le Roi,
L'autre en Aniou esclaue de sa foi
Vit sous l'empire assés dous de sa mie.
Soit par la reste une ioie acomplie,
De folâtrer faisons nostre deuoir,
Ce iour passé, ie suis prest d'aller uoir
Si pour le tens les lettres on oublie.

Plus que dauant ie t'aimerai mon liure:
A celle fin que le sçauoir i'aprinsse,
I'ai delaissé & court, & Roi, & Prince

LE BOCAGE

Ou i'estoi bien quand ie les vouloi suiure,
Pour recompense aussi ie me uoi uiure
Et Iusque au ciel d'ici bas remué:
Ainsi qu'Horace en Cigne transmué
I'ai fait un uol qui de mort me deliure.

Car si le iour uoit mon euure entrepris,
L'Espaigne docte, & l'Italie apprise
Celui qui boit le Rin, & la Thamise
Vouldra m'apprendre ainsi que ie l'appris,
Et mon labeur aura louange, & pris:
Sus, Vandomois (petit païs) sus donques
Eioui toi si tu t'éiouis onques,
Ie uoi ton nom fameus par mes écris.

Fin du Bocage.

BREVE EXPOSITION DE
quelques passages du premier liure
des Odes de Pierre de Ronsard
par I. M. P.

Lecteur, i'ai bien uoulu dépandre quelques heures oisiues, pour te declarer une douzaine de passages, à mon iugement les plus difficiles du premier liure des Odes de Ronsard. m'assurant que telle diligence ne te pourroit apporter qu'un grand soulagement, & à moi plaisir, de t'auoir fait entandre ce que l'auteur épris d'une trop uergongneuse honte, uouloit à ton dam, & au sien, tenir sous silence, sans le te communicquer. Or pour uenir au point, Ie commençerai premierement à te declarer sa deuise, ou autrement, anagrammatisme, qui est, ΣΩΣ Ο ΤΕΡΠΑΝΔΡΟΣ Inuétion, nõ de l'auteur, mais de Ian Daurat Limosin, hõme de singulier iugement, & de parfaite erudition, qui en l'une & l'autre langue ne doit par raison ceder à nul de nostre siecle, lequel Daurat en démellant les plus desesperés passages de l'obscur Lycophron, que nul de nostre age n'auoit encores osé dénouer, montra publicquement la façon de remettre en usage les anagrammatismes, & s'en seruir cõme Lycophron faisoit en la court du Roi Ptolémée, aiant gaiges de

lui, non pour autre raison. Tu dois entandre, le Ectéur, que Terpandre fut iadis (ainsi que disent Pollux, & Suidæ, en leurs uocabuléres) neueu d'Hesiode, & selon aucuns, d'Homere, qui façonna premierement la lire à sept cordes, & le premier composa les accords, & les tons propres à elle, bien que quelques uns assurēt que ce fut Philamon. uoulant Ian Daurat figurer par cela, que Terpandre est uiuant & resucité par Ronsard, anagrammatisant, Τέτρο ρ᾽ ὤνσερδ῀Ος: par Σῶς ὁ τέρπανδρος, la seulle lettre ρ seruant deus fois, ce qui est mémes concedé en nos inuersions Françoises. En l'Ode du Roi Comme un qui prend une coupe) Semblable comparaison commance la 7 Ode des Olympies de Pindare, faite à l'honneur de Diagore Rhodien. φιάλαν ὡς εἴ τις, le poëte est le maistre du banquet, sa riche tasse c'est son hinne, pource qu'elle reçoit toutes choses, le uin excelant c'est le don des muses, le Roi, c'est son hôte, ou conuié, abreuué de telle liqueur. En l'Ode méme. STRO. 2. De Iupiter les Antiques) Volūtiers les anciens donnoient commancement, & fin à leurs liures par Iupiter témoin Theocrit ἐκ Διὸς ἀρχώμεσθα, καὶ εἰς Δία λήγετε μοῖσαι. ANTISTRO. 2. Qui moindre des Rois ne soit) Moindre est un comparatif mis auant par le poëte à l'imitation des Latins, qui di-
sen

EXPOSITION.

ent, minor te, moindre de toi, ou moindre à toi, & encores, minor quam tu, moindre que toi. Telles manieres de parler, les François deuroient apprendre, s'ils veulent donner quelque perfection à leur langue.   En l'Ode de la Roine. Estomaq pantois, ou pantais, est un propre terme de fauconnerie, qui signifie le mal qu'ont les oiseaus aus poumons, lors qu'ils ne peuuent qu'à grand' peine respirer. ici le poëte abuse du nom de la maladie, pour son éfait: appellant estomaq pantois, qui ne peut haleter, ou par crainte, ou par quelque rauissement de pensée, comme iadis les Prestresses, quan' leurs Dieus approchoient, ce que Virgile a nommé, pectus anhelum. ANTISTRO. 1. Apollon Florence aima) Florence fut une Nimphe, fille du fleuue Arne, qui arrose Florence, cité capitale d'Ethrurie, region d'Italie, qui depuis porta le nom de la Nimphe. telle fiction est pareille à celle de Pindare, en ses Pythies, ou il parle de Cyrene, du nom de laquelle, la grande cité de Cyrene en Lybie fut fondée par Apollon. STRO. 2. de ton Iulien) C'est Iulien de Medicis, grand oncle de la Roine, qui r'apporta les lettres grecques & latines en Italie. Tes deus grands papes.) c'est Clemët, & Leon, grands oncles aussi de la Roine.   En l'Ode de Madame Marguerite. STRO. 2. Par un miracle nouueau) Le poëte faint,

que Madame sortit hors de la teste du docte, & magnanime Roi François son pere, côme iadis Pallas, hors du chef de Iupiter, iouxte Pindare en ses Olympies, et Homere en ses hinnes, depuis faite écoliere des muses (lesquelles, en lieu de matrones et saiges femmes l'avoiët receue quäd elle naquit) alla cōbatre l'Ignorāce & le surmonta. ANTISTR. 2. Flotāt sur la face horrible, le panache de son abillement de teste, ondoiét sur la face d'une Meduse engravée dans son morion. ANTISTRO. 3. Répandon devät ses yeus) Ici nostre poëte à osé le premier racler la lettre. S. superflue es premieres personnes des subionctifs pluriers, pour les faire diferér des premieres plurieres personnes presentes, raison à mon iugement que tu trouveras valable, si de bien prés tu veus regarder, que sans aucune regle, en ton parler commun naturellement tu en uses, comme, alon, mangeon, couron, parlon. EPO. 3. Challimaq, Pindare, Horace) Il dit cela pour les avoir tous trois imités, Challimaq en son hinne de France, les deus autres, dans le discours de ce livre. En l'Ode du Reveren. Card. de Guise. ASTRO. 1. De ton grand Billon) Il entant Godefroi de Billon, Roi de Ierusalem, & de Sicile, qui vandit sa ville de Més aus citoiens, pour le voiage d'outremer, desireus de recouvrir la terre sainte, lequel fut l'antique tige de
la

EXPOSITION.

la maison de Lorraine, de laquelle sont descendus messieurs de Guise. En l'Ode de François de Bourbon. L'hinne que Marot te feit) Telle invention se voit au premier front de la neufiéme Ode de Pindare, comparant sa poësie à celle d'Archiloq, laquelle commance, τὸ Μ̄ ἀρχιλόχȣ μέλ☉. EPO. 1. Voi voler mō dart étrange) Il entend sa poësie qui vole comme un dart, emmiellée par sa muse, & empanée par la victoire de monsieur d'Anguien. STRO. 2. Du vieil Marquis abatu) C'est le Marquis Delguast pour lors lieutenant general de l'empereur en Piémont. ANTISTRO. 3. Fille du Neueu) C'est la Renōmée ainsi appellée par Pindare. Et à Charles, Et à Pierre) L'un fut Charles de Bourbon, nagueres decedé. Et l'autre, Pierre de Lucembour, antique aieul maternel dudit seigneur. EPO. 3. Les hommes iournaliers meurent.) Ici par un elegant & propre vocable le poëte appelle les hommes iournaliers, comme ne vivans qu'un iour, par les Grecs nommés aussi ἐφημέριοι, & des Latins, Diales: denotant par cest epithete la breve felicité des hommes, & la miserable mort de monsieur d'Anguien.   En l'Ode de Carnavalé. ANTISTRO. 1. Le tens venāt de bien loin.) Le tens qui vint long tens apres la promesse faite

x

par Ronsard à Carnaualé, de lui faire un Odé.
STRO. 2. Qu'apporta du ciel Pallas) Pallas apporta le frain à Bellerophon (comme dit Pindare en ses Olympies) pour donter Pegase, cheual emplumé fils de Meduse, qui ne uouloit soufrir qu'il montast sur lui, pour le manier. Cette medecine douce) Il entand le frain de cheuaus, qui les guarist de toutes leurs opiniatretés, & pour cela est il elegantement appellé de Pindare, φίλτρον ἱππεῖον. A la fin, Bellerophon appriuoisant le cheual uolant, il tua par son moien la Chimere, de laquelle parle Homere en l'Iliade ζ. πρόσθε λέων, ὄπιθεν δὲ δράκων, μέσση δὲ χίμαιρα. Et des guerrieres ia uaillance) Par circumlocution, les Amasones. Les Creches des Dieus) Ce sont étoilles ainsi nommées par Arat, auquelles uola le cheual, apres qu'il eut culbuté son maistre. EPO. 2. Automedon & Sthenele) Se furent deus chartons excelants durant la guerre Troienne, l'un chartoit Achille, l'autre Diomede. En l'Ode de Gernac, STRO. 4. Desous ma louarde corde) Le poëte ardãt d'anrichir sa langue, a tourné les noms que les Latins terminent en ax, par ard. comme loquax, iazard, qui ne cesse de quaqueter: bibax, boiuard, qui ne cesse de boire, pour le grãd uoisinage de proprieté, que l'un & l'autre denote en

EXPOSITION.

sa signification: ainsi louard, qui à la nature propre de louer, & mille autres qui se pourront forger sur pareille enclume. STRO. 4. Sous ton oncle gouuerneur) Il entend feu L'Amiral Chabot, oncle dudit Gernac. En l'Ode de Ioachim du Bellai, STRO. 2. Il sont semblables aus corbeaus) Il entend les mauuais poëtes de ce regne. EPO. 2. Affin que là ie decore, & Guilaume, & Ian encore) Ce Guilaume fut le seigneur de Langé, cheualier de l'ordre, qui tant trauailla pour la France, & Ian c'est le Cardinal du Bellai, son frere, l'honneur du saint consistoire Rommain. ANTISTRO. 3. Beante en eus s'émerueilla) Beante signifie autant que inhians en latin, & est un certain geste de la bouche miouuerte, lors que nous sommes rauis de quelque chose, & bien que ce soit un uocable antique, & peu familier aus oreilles Françoises, comme est encores ce mot louãgeant, en l'Ode du Protenotere de Durban, il n'est pas pourtant à refuser, mais à louer, d'autant que nous n'auons un seul uocable (hors lui) propre pour desseiner telle affection. Auienne, ô bons Dieus, que quelque hardi poëte, remette en usage les uieus mots François, lesquels furent nostres, & que nous auons cruellement chassés, pour donner place à ne scai quels

x ij

étrangers Italiens, & Latins. Bien est il vrai quand un vocable à long tens regné, faisant à l'imitation des vieus arbres, reverdir un petit regeton du pié de son tronc, pour devenir comme lui grand, & parfait: on ne le doit plus regretter, ni appeller seché, ne peri: aiant laissé en sa place un nouueau fils, pour lui donner la méme verdeur, force, & pouuoir, qu'il auoit auparauant. comme la nouuelle monnoie succede à la vieille, en pareil honneur & credit. mais un vocable ne se doit iamais appeller vieil, tant soit il mimangé, & par le tens defiguré, voire depuis mille ans usité, quoi qu'en marmurent nos courtisans, s'il ne laisse un, ou deus heritiers en sa place, ausquels il commande comme par testament, auant sa mort, de s'enseigner de sa force, & naïuement le representer. EPO. 5. Les Amycleans flambeaus.) Il entēd Castor, & Pollux. cōtinuant tousiours en sa metaphore. En l'Ode de Bouiu. EPO. 2. A la Dorienne sorte) C'est à dire, à la Thebaine sorte, pource que les Thebains sont venus des Dores, ainsi que disent les comments de Pindare. En la premiere Ode de Ian Dorat en la sixiesme pose. De sa mere l'apprentif) C'est Orphée iouxte Horace. Arte materna rapidos morantem fluminū lapsus, & le reste. En l'Ode de Bertran Berger

EXPOSITION. 163

Berger en la sixiesme pose. A sa Tortue babillarde) C'est à dire, à son luc, qui fut patronné ou à la uerité façonné de la couuerture d'une tortue. Telle description est au long dans l'hinne de Mercure en Homere. Au ueu à Phebus Apollon, pour guarir la Valetine du Cote d'Alsinois. O Pere, ô Phebus Cynthien) En ceci nostre poëte a industrieusement montré la maniere de faire des ueus comme les Antiques, (bien qu'auiourdhui telles inuentions mécontantent l'oreille de nos rimeurs, pour estre du tout ignorans des bons poëtes Grecs, & principalement d'Orphée, qui en son hinne d'Apollon, lequel se commançe ἐλθὲ μάκαρ παιὰν, ὑπνοκτόνε, Φοῖβε Λυκωρεῦ, ne se contante pas seulement de quatre ou cinq epithetes, conuenables à ce Dieu, mais d'arache pié, il en redouble une quarantaine du moins, tant l'abōdance des adiectifs a tousiours semblé belle aus anciēs, soit en hinnes ou en ueus. En la septiesme pose. Par toi le dous enchantement) Iadis les medecins fils d'Apollon souloient guarir les maladies, parties par breuuages, & sections, partie par unguents, & enchantemens iouxte Pindare en ses Pythies parlant d'Esculape. Τοὺς μὲν, μαλακαῖς ἐπαοιδαῖς ἀμφίπων, τοὺς δὲ, πεσσέα πίνοντας, ἢ γυίοις περιάπτων παῖδας

x iij

φάρμακα, τοὺς δὲ τομαῖς, ἴασσεν ὀρθούς. En la neufiéme pose de l'Ode méme. Et celle qui boutonne aussi) Sur le mot de Caucase naist une herbe du sang des poumons de Promethée, rongés par l'aigle, de laquelle se fait un unguent nommé par Apolloine Rhodien, προμήθειον, comme il témoigne lui méme en son troisiéme liure des Argonautes, parlant de Medée qui uouloit secourir Iason contre les Toreaus, ἡ δὲ πῶς γλαφυρῆς ἐξείλετο φωριαμοῖο φάρμακον, ὅρρά τέ φασὶ προμήθειον καλέεσθαι, Lequel est bon pour rendre les gens inuulnerables, les endurcissans contre le fer. En l'Ode de sa lire. Que la dance oit) Par licence poëtique, il a laissé le relatif, & deuoit dire, Que la dance oit, laquelle s'éuertue. En la cinquiéme pose. Sous le pouce Angeuin) Il entand Ioachim du Bellai. En la septiéme pose. Mais ma Gâtine) Gâtine, le Loir, la Neufaune, Braie, se sont forests, & riuieres du lieu de sa naissance, les celebrant par ses uers comme les Grecs, & Rommains par les leur : te supliant (lecteur) uouloir receuoir ce petit labeur de bonne uolunté: t'assurant que ie m'efforçerai (quand ce ne seroit que pour faire creuer les enuieus) de commenter plus diligentement le reste, &

ensemble

ensemble les autres liures, que l'auteur, mon familier ami m'a promis, Dieu aidant, mettre bien tost en lumiere.

Fin de l'exposition.

SONNET.

Gentil Ronsard, la mielliere mouche
   Dans le nectar de toute fleur élite
   Aus prez des Seurs, a ta langue confite
   Iusqu'à combler ta regorgeante bouche.
Mémes Phebus sa lire dont il touche
   Le los des Dieus, ne t'a pas écondite,
   Ains t'enseigna: aussi ta uois écrite
   Volle ou le iour è se leue è se couche.
O chaste Cœur des muses, uien en France
   Par un tel prestre, aiant seure esperance
   D'i refonder ta destruite chapelle.
Ne dedaignés Muses, diuin troupeau,
   Venir ici dresser uôtre coupeau,
   Puis qu'Apollon le premier uous apelle.

I. A.   Baÿf.

SONNET.

L'antique bruit de tous les siecles vieus
　Auoit iadis erigé pour Orphée,
　Pour Stesichore, & Pindare un trophée
D'immortel nom qui voloit iusque aus cieus.
Maint autre aussi fauorisé des Dieus
　Auoit au chef la couronne étophée
　Du saint Laurier, dont la gloire étouphée
L'on voit ici par vers ambitieus.
Muses & Dieus, la faueur variable
　De vos efféts, a rendu admirable
　Nostre Ronsard, surmontant les antiques:
Vous méme en lui, vostre invincible effort
　Aués vaincu, Ronsard est donc bien fort
　Vainqueur des Dieus, des Muses, & Liriques.

R. R. S. DE LA GVILLOTIERE
du bas Poictou.

SONNET.

Muse va veoir un autre espoir de France,
　Qui nuit & iour de sa plume feconde
　Aide à polir la Françoise faconde,
Sentant encor le vieus tens d'ignorance.
　　　　　　　　　　　　　　Il est

Il est en lui de la tirer d'enfance,
   Et le fera, si mort hors de ce monde
   Ne le bannist, dont doit sa teste blonde
Toucher des cieus la derniere distance.
O Dieu courant desous la ligne oblique
   Donne faueur à ce nouuel Ascrée,
   Tant qu'egaller on le puisse à l'antique.
O nobles Seurs, ioignant l'onde sacrée,
   Couurez son chef de branche Cabarique,
Pour le sauuer de toute langue inique.

Cælum non solum.

SONNET.

Les uns diront le vieil Prestre de Thrace,
   Ou le Thebain, qui en la lire excelle,
   Et cetui-la qui son païs nous celle,
Ou les beaus chans du Calabrois Horace.
Du Mantuan les uers de bonne race
   L'on uantera, ou la Lire de celle
   Docte amoureuse & mignarde Pucelle,
Qui ses dous maus sucra de tant de grace:
Mais moi poussé par ta fureur éprise
   Ton luc sur tous & ie prise, & reprise.
   O uine corde, ô bien heureus sonneur,

Ta uertueuse, & premiere entreprise,
 Que la France a par ton audace aprise,
Du Vandômois éternize l'honneur.

  A. De la Fare.

  Epigramma.

Longius externos ne Galle require poëtas,
 Etiam nata domi, scriptáque uerna proba.
En tibi Ronsardum, genuit quem Gallica tellus,
 Eduxit Pallas docta, nomémque deæ.
Pindaricos hic est animos, strepitúsque referre
 Ausus, & ignotas primus inire uias.
Hic lyricòs spirat cantus, hic carmina grandi
 Voce sonat, Græcis æmula sola tubis.

  Petri Fabri Tolosatis anno
   ætatis suæ XI.

Ἰωάννου Αὐρατοῦ εἰς Πέτρον
Ῥονσάρδον.

Ὁ πρὶν ἀμίμητος πεφατισμένος, ὁ πρὶν ἐοικὼς
  Οὐδενὶ μηδ' ὀλίγη Πίνδαρος ὑψιβόης
Εὗρατο μιμητὴν ὁ μέγας μέγαν, εὗρά θ' ἱκόντα
  Ἧς μεγαληγορίης πεῖραν ἐπ' ἀκρότατον
Πέτρον τὺ Ῥονσάρδον, ὃς εὐκλεὲς αἷμα λελογχὼς
  Γεννάδα παρ Κέλτοις πρῶτος ἔκρουσε λύρην.
Οὐκ ἄρ ἀμίμητός γ' ἔτι Πίνδαρος, ἀντὶ δ' ἐκείνου
  Ἔσετ' ἀμιμήτη Βινδοκίνη κιθάρη.

Ἀντωνίου Βαϊφίου εἰς τὸν αὐτόν.

Ὄλβιε, σοῦ στόμα πᾶσιν ἐπετάξαντο μέλισσαι
  Τέρπνα μελιφθόγγων νάματα Πιερίδων.
Καὶ Φοῖβος σ' ἐδίδαξε, καὶ ὦ Ῥονσάρδε, πόρεν σοι
  Ἡν χέλυν, ἀθανάτων τὰ κλέα μελψάμενον.
Νῦν δὲ σὺ φυξιμόρων μετόπισθεν ἀοιδὸς ἀοιδῶν
  Σῶν ἐπέων ἐλαφραῖς ἐν πτερύγεσσι πέτῃ.
Ἀλλὰ σὺ Πιερίδων μουσῶν χορέ, δεῦρο τὸν ἡμὸν
  Ναὸν ἀφικνίζειν ἔλθ' ἀπὸ Πιερίης.
Δεῦρ' ὑμᾶς προσέπει κυκλύνος αὐτὸς ἀφ' ἡμῶν
  Καλλιβόην πλήκτρῳ κοῦφα κρέκων κιθάρην.

AD PETRVM RONSARDVM
uirum nobilem Io. Aurati Ode.

STROPHE I.

Lyræ potentes Camœnæ·
Agite, quis deûm, herosúe?
Homo quis fidibus inseri
Poscit? Satis Pisa iam,
Iouisque memoratus
Olympus, sacrum &
Herculis patris opus:
At nunc patriæ principem
Chelys, apud Celticos
Decus grande populos,
Decet nos suo
Sibi Pindari can-
tu personare: numerós-
que Gallicos Latijs

ANTISTRO.

Remunerari haud inultos.
Itaque par pari reddens
Noua plectra resequar nouis:

      Clauúmque

Clauúmque clauo uelut,
Retundam ego reperta
Meis Italis
Patria indigenáque
Ronsarde tua: ô flos uirûm, &
Decus oliui, aut illius
Virilis, quo oblinitur,
Et artus terit
Amyclæa pubes:
Aut illius, quod hilares
Ferè camœnæ obolent.

EPOD.

Nam seu quis artem, sinuosáque
Corporis uolumina uolet,
(Quibus corpus aptè
Vel in equum, uel de equo
Volans micat in audacibus
Pugnis) stupebit dicatum grauibus umbris
Musarum, agilibus quoque
Saltibus Martis expedisse membra.

STROPH. II.

Inertis oci laborem

Probet amétque sui alter:
Iterum stupeat, ut cauæ
Neruis maritans lyræ
Virûm decora præsig-
nium, claráque
Facta, sydera uehat
Supra, memoranda omnibus,
Sine modo finéque,
Puellaribus & in
Choris, & dapes
Super, Principúmque
Mensas: sacras ut epulas,
Deûmque nectareos

ANTISTR.

Solent sonare inter haustus
Patris Apollinis grata
Modulamina: superûm
Intus remugit domus
Beata, geminátque
Sonos: seu libet
Bella dicere deûm,
Stragésque Gigantûm & neces:
Sua cum in ipsos graui
Refluxêre iuga cum

Ruina

Ruina, Iouis
Manu, fulminúmque
Vi fracta, ut ætheris apex
Suas opes tremeret.

EPOD.

Siue mauult faciles sui
Patris impetus, & aquilæ
Rapaces uolatus
Strepere dulci lyra:
Quod excutiat è frontibus
Rugas deorum, serenétque Iouis ora:
Siquando nimis impiæ
Asperarunt in arma sæua gentes

STROPH. III.

Ad hos canentis lepores,
Quasi sopore deuictus
Sua tela digitis pater
Ponit remissis: iacet
Vtrunque latus ales
Reclinans super
Sceptra fulua Iouis: &
Ceu sponte fluitantia

Gemina dans brachia.
Tuis uicta fidibus,
Et alas pares,
Fouet frigidum igne
Languente fulmen:ea uis
Tuis modis fidicen

ANTIST.

Inest Apollo, sed in dijs
Tua Chelys celebretur:
Modo non alia regnet
Terris honoratior.
Eâ, uada Ledi quæ,
Et ornat solum
Vindocinum: ubi super
Somnos puero ab arduæ
Apice quercus uolans
Apum examen agile
Suum melleum
In os nectar infans
Ingessit, hócque tenerum
Tibi imbuit latice

EPOD.

Ronsarde guttur: Tyrio uelut
Aliti

Aliti ferunt, prope suæ
Caput iuge Dirces:
Nota foret quæ lyræ
Vtrunque fore mox principem
Gentilis: altos sonans quæ raperet Orco
Reges, Iouis Olympici
Sanguinem, melle tinctulos per hymnos.

STROPH. IIII.

Amanda uirtus, magistri
Negat & abnuit curam:
Sine fraude, sine & artibus
Excurrit in campum equus:
Canis nemora rimáns-
que uenaticus
Prensat haustibus hians,
Notis sine dolo feras
Latibulis iam quoque
Cubantes: nec opera
Docentis canunt
Per agros amictæ
Pennis aues: neque sonum
Amabilem citharæ
Eburneæ temperas tu
Nisi duce & magistro te

Eburneæ temperas tu
Nisi duce & magistro te
Tibi, Petre: amor at in tuos
Candórque amicos, suum
Decus sibi adimens ar-
rogat cæteris,
Inuidens sibi malè.
Quos inter erat & locus
Mihi aliquis: nec nego
Tibi sæpe latium
Per, & Doricum
Nemus colligentem
Thymbram, thymúmque, casiám-
que, pabulo solitum

EPOD.

Præbere me: dulcis apiculæ
More, tu labella tenera
Ad hæc porrigebas
Rudia fundamina
Faui, tibi tua quæ dein
Polita cura, diu sæpéque operosè,
Nectar coaluêre in hoc:
Quale non stillat Hybla, non Hymettus.

AD

AD EVNDEM EIVSDEM.

Quis te deorum cæcus agit furor
　Ronsarde, Graiûm fana recludere
　　Arcana? lucos quis mouere,
　　　Quos situs & sua iam uetustas
Formidolosos fecerat? ô nouum
　Non expauescens primus iter lyræ
　　Tentare: Romanis quod olim
　　　Turpiter incutiat pudorem
Nil tale quondam tangere pectine
　Ausis Latino, quale ferox sonat
　　Cadmi colonus septicordi
　　　Liberius iaculans ab arcu.
Tu primus, ut iam trita relinqueres
　Testudinis uestigia Gallicæ,
　　Aggressus, excluso timore,
　　　Ogygio tua labra fonte
Mersare: uoces indéque masculas
　Haurire, dignas principibus uiris:
　　Quorum tua sacrata buxo
　　　Facta sui stupeant nepotes.
Fœlix ter ô qui iammodo fortiter
　Te uate sese pro patria geret,
　　Quòd non suos obliuioso
　　　Dente teret senium labores.

Seu quis rebelli frena Britanniæ
  Portans, ferocis fregerit impetus
  Gentis: suos in limitésque
  Reppulerit nimium uagantem.
Diuulsa seu quis membra reiunxerit
  Regno resectæ brachia Galliæ:
  Atque Italas assertor urbes
  Reddiderit solitis habenis.

www.ingramcontent.com/pod-product-compliance
Lightning Source LLC
Chambersburg PA
CBHW050757170426
43202CB00013B/2467